ALTDEUTSCHE TEXTBIBLIOTHEK

Begründet von Hermann Paul
Fortgeführt von Georg Baesecke und Hugo Kuhn
Herausgegeben von Burghart Wachinger

Nr. 2

GREGORIUS

VON

HARTMANN VON AUE

Herausgegeben von
Hermann Paul

13., neu bearbeitete Auflage
besorgt von
Burghart Wachinger

MAX NIEMEYER VERLAG TÜBINGEN
1984

1. Auflage 1882
2. Auflage 1900
3. Auflage 1906
4. Auflage 1910
5. Auflage 1919
6. Auflage 1929 ⎫
7. Auflage 1939 ⎬ besorgt von Albert Leitzmann
8. Auflage 1948 ⎭
9. Auflage 1959 ⎫
10. Auflage 1963 ⎬ besorgt von Ludwig Wolff
11. Auflage 1966 ⎪
12. Auflage 1973 ⎭

CIP-Kurztitelaufnahme der Deutschen Bibliothek

Hartmann ⟨*von Aue*⟩:
Gregorius / Hartmann von Aue. Hrsg. von Hermann Paul. − 13., neu
bearb. Aufl. / besorgt von Burghart Wachinger. − Tübingen : Niemeyer,
1984.
   (Altdeutsche Textbibliothek ; Nr. 2)
NE: Paul, Hermann [Hrsg.]; GT

ISBN 3-484-20001-4 kart. Ausgabe   ISSN 0342-6661
ISBN 3-484-21102-4 geb. Ausgabe

   Druck: Allgäuer Zeitungsverlag, Kempten
   Einband: Heinr. Koch, Tübingen

Vorwort

Ludwig Wolff, der langjährige Betreuer der wichtigsten Editionen von Hartmanns Epen, ist am 30. Juni 1975 gestorben. Von Auflage zu Auflage hatte er gewissenhaft und feinhörig an der Verbesserung der Texte gearbeitet. Die drei in der Altdeutschen Textbibliothek beheimateten Ausgaben werden jetzt fast gleichzeitig von verschiedenen Bearbeitern übernommen, der ›Arme Heinrich‹ von Gesa Bonath, der ›Erec‹ von Christoph Cormeau und Kurt Gärtner, der ›Gregorius‹ von mir. Jeder von uns muß von der jeweils anderen Überlieferungslage aus neu die Möglichkeit eines kritischen Hartmann-Textes durchdenken und sich dabei auf seine Weise mit dem Erbe Ludwig Wolffs auseinandersetzen. Andere Vorüberlegungen können und dürfen dann auch zu anderen Lösungen führen, als er sie angestrebt hätte. Aber jeder von uns weiß — das darf ich an dieser Stelle für uns alle sagen —, daß er den Reichtum der Kenntnisse und die Sensibilität des Urteils von Ludwig Wolff nicht übertreffen kann.

Über die Prinzipien, denen ich bei der Neuauflage des ›Gregorius‹ gefolgt bin, unterrichtet die Einleitung. So bescheiden die Ziele der Bearbeitung sind, die Liste derer, denen ich zu Dank verpflichtet bin, ist lang: Zahlreiche Bibliotheken haben mir Fotokopien und Auskünfte zukommen lassen, mehrere Kollegen mir durch Hinweise geholfen; sie sind an Ort und Stelle erwähnt. Roy A. Boggs hat ein Magnetband, auf dem der Text der 12. Auflage gespeichert war, als Arbeitsbasis zur Verfügung gestellt. Von den vielen Helfern, denen ich für Mitwirkung bei der Aufbereitung der Materialien, den Schreib- und EDV-Arbeiten und den Korrekturen zu danken habe, möchte ich hier wenigstens Marga Albus, Christiane Burmann und Christoph Schumacher nennen. Ganz besonders aber danke ich Paul Sappler: Er hat dafür gesorgt, daß die Computertechnik mir nur von ihrer hilfreichen

Seite bekanntgeworden ist, und war mir darüber hinaus in philologischen Fragen ein kenntnisreicher und geduldig hilfsbereiter Partner.

Tübingen, November 1983   B. W.

Einleitung

Hartmanns ›Gregorius‹ ist in elf Handschriften und Fragmenten des 13. bis 15. Jahrhunderts überliefert:

A Rom, Biblioteca Apostolica Vaticana, Cod. Regin. Lat. 1354. Aus dem Besitz der Königin Christina Alexandra von Schweden 1690 in die Vaticana gelangt. – 13. Jh. Alemannisch. Pergament, 136 Bll. 20,5×17 cm. Ein Schreiber, zweispaltig, Verse abgesetzt, rote Initialen an den Abschnittsanfängen.

INHALT:

1^r–107^r Stricker, ›Karl der Große‹

108^r–136^r Hartmann von Aue, ›Gregorius‹ v. 171–3972 (Prolog und der Schluß des Epilogs fehlen ohne mechanischen Verlust.)

107^{rv}, 136^r Kurze Minnetexte von einer bairischen Hand des 14. Jh.s

FAKSIMILE: Heinze, S. 29–57.

ABDRUCK: C. Greith, Spicilegium Vaticanum. Beiträge zur näheren Kenntnis der vatikanischen Bibliothek für deutsche Poesie des Mittelalters, Frauenfeld 1838, S. 180–303; zu benutzen mit der Nachkollation von P. Piper, Nachträge zur älteren deutschen Literatur, Stuttgart 1898 (DNL 162), S. 294–305.

LITERATUR: Greith, S. 46–57; Dittmann, S. 16–20 (mit Lit.) Heinze, S. 5f.

B Straßburg, ehem. Johanniter-Bibliothek, Cod. A 100. Seit Anfang des 19. Jh.s verschollen, erhalten sind Zitate und Abschriften des 18. Jh.s, s. u. – Wohl 14. Jh. Alemannisch mit mitteldeutschem Einschlag, wohl aus einem Johanniterkloster. Pergament, ca. 303 Bll. in Quartformat.

Der Text des ›Gregorius‹ ist relativ gut erhalten durch: B_1 = Zitate einzelner Verse und Versgruppen (z. T. auch nur Wörter, in Einzelfällen mehrfache Zitate, insgesamt ca. 395 Verse) in: Johannis Georgii Scherzii Glossarium germanicum medii aevi potissimum dialecti Suevicae edidit illustravit supplevit Jeremias Jacobus Oberlinus, 2 Bde. Argentorati 1781, 1784; und B_2 = eine sorgfältige Abschrift des 18. Jh.s in: Archives et Bibliothèque de la Ville de Strasbourg, Ms. 314 (früher 835), 55^v−120^v; einspaltig, Verse abgesetzt, Majuskeln an den Abschnittsanfängen. Ich habe B_2 nach der Kopie Ludwig Wolffs benutzt, die mir Helmut Lomnitzer freundlicherweise zur Verfügung gestellt hat, und B_1 durchgehend damit verglichen. Für *und/unde* steht in B_2 regelmäßig, in B_1 nicht ganz selten *vnn,* wohl je unabhängig falsche Auflösung von *vn̄*; ich habe immer *vnd* gesetzt. Im übrigen habe ich mich bei nur graphischen Abweichungen an B_2 gehalten. Deswegen und wegen meiner Auswahlprinzipien erscheinen die Lesarten von B im Apparat sehr selten nach B_1 und B_2 unterschieden.

LITERATUR: M. Haupt, ZfdA 3 (1843) 534 f.; E. Martin, ZfdA 40 (1896) 220−222; A. Küster, Von dem Spitâle von Jêrusalêm, Diss. Straßburg 1897, S. 9−16; Dittmann, S. 21−28 (mit Lit.); Heinze, S. 6 f. und 58−61 (Abb. von B_2 61^v−65^r = v. 547−818); N. F. Palmer, ZfdA 108 (1979) 174 (mit Lit.); für Hinweise danke ich Ulla Williams.

C Wachendorf, Gem. Starzach bei Rottenburg am Neckar, Privatbesitz Freiherr von Ow-Wachendorf. Nach dem ersten bekannten Besitzer auch ›Veesenmeyersches Bruchstück‹. – Spätes 13. Jh. Bairisch. Pergamentblatt in Folioformat, beschnitten, wohl von einem Einband abgelöst. Dreispaltig, Verse abgesetzt, farbige Initialen an den Abschnittsanfängen. – Erhalten sind ›Gregorius‹ v. 985–1316, z. T. fragmentarisch oder unleserlich.

ABDRUCK: Greith (s. Hs. A), S. 166–176; zu benutzen mit der Nachkollation von Dittmann, S. 45. Von mir verglichene Fotokopie: Stuttgart, Württembergische Landesbibliothek, cod. facs. quart 29.

LITERATUR: Dittmann, S. 42–46; Heinze, S. 7 f.

D Salzburg, Universitätsbibliothek, Cod. M I 137 (früher Studienbibliothek III. 3. J. 397). – 14. Jh. Mitteldeutsch, wohl nach bairischer Vorlage. Papier, 53 Bll. 19,3×13,8 cm, am Anfang der Hs. fehlen 9 Blätter (vgl. die alte Foliierung), weitere Blattverluste im Inneren und am Ende. Einspaltig, Verse abgesetzt, rote Initialen an den Abschnittsanfängen.

INHALT:
  1ʳ – 3ᵛ (alte Zählung Xʳ–XIIʳ) Hartmann von Aue, ›Gregorius‹ v. 427–582 (Der Anfang – ob mit oder ohne Prolog, läßt sich nicht erschließen – fehlt durch Blattverlust, der Schluß aber, weil der Schreiber abgebrochen hat.)
  3ᵛ – 52ᵛ Freidank, ›Bescheidenheit‹ (nach einer Freizeile ohne Überschrift anschließend, von der gleichen Hand wie der ›Gregorius‹)

ABDRUCK: Pfeiffer, S. 203–205; dazu einige Korrekturen bei Dittmann, S. 48.

LITERATUR: Dittmann, S. 46–48; Heinze, S. 8 und 62 (Abb. von 3ʳᵛ = v. 535–582).

E Wien, Österreichische Nationalbibliothek, Cod. 2881. – Papier, 388 Bll. 28×20,7 cm. Drei ursprünglich selbständige Teile, alle drei österreichisch, in der 1. Hälfte des 16. Jh.s zusammengebunden.

INHALT:

I. (Anfang 15. Jh.):
  1^r– 86^r ›Schwabenspiegel‹ (Kurzfassung)
  87^r– 90^v Pseudo-Bernhard, ›Epistola ad Raimundum de cura et modo rei familiaris‹, lat. Text und älteste deutsche Übersetzung

II. (Ende 15. Jh. Ein Schreiber, einspaltig, Verse abgesetzt. Raum für Initialen an Abschnittsanfängen, nur bis 106^r ausgeführt):
  94^r–234^r Seifrit, ›Alexander‹
  235^r–294^v Hartmann von Aue, ›Gregorius‹ (ab v. 177)
  295^r–300^v ursprünglich leer, 296^r Wahlsprüche und Namen von vier niederösterreichischen Adligen 15./16. Jh.

III. (Wende 15./16. Jh.):
  302^r–388^r Wirnt von Grafenberg, ›Wigalois‹

LITERATUR: H. Menhardt, Verzeichnis der altdeutschen literarischen Handschriften der Österreichischen Nationalbibliothek I, Berlin 1960, S. 514–516; Dittmann, S. 28–31; Heinze, S. 9 und 63–67 (Abb. von 240^v–244^v = v. 523–813).

(F) s. Prosa

G Cologny-Genève, Bibliotheca Bodmeriana, Cod. Bodmer 62, früher Erlau/Eger (Ungarn), Erzbischöfliche Bibliothek. – 2. Hälfte 14. Jh. Bairisch-österreichisch. Papier, 51 gezählte Bll. (ursprünglich ca. 88 Bll.) 21×15 cm. Bis 44^v ein Schreiber (von derselben Hand vielleicht auch noch der Hauptteil des Frauenlobtexts), einspaltig, Verse abgesetzt, rote Initialen an den Abschnittsanfängen.

ABDRUCK: Pfeiffer, S. 184–202.

LITERATUR: Pfeiffer, S. 176–184; K. Bartsch, Beiträge zur Quellenkunde der altdeutschen Literatur, Straßburg 1886, S. 247 f.; Dittmann, S. 31–33; Heinze, S. 9 f.; W. Milde, ZfdA 106 (1977) 99–101; K. Stackmann und K. Bertau (Hg.), Frauenlob (Heinrich von Meissen), Leichs, Sangsprüche, Lieder, Bd. 1, Göttingen 1981 (Abh. d. Ak. d. Wiss. in Göttingen, philol.-hist. Kl. III 119), S. 92–96 (mit Lit.); W. Wegstein, Die Himmelsstraße II, in: ²Verfasserlexikon 4, 1983, Sp. 35.

H Köln, Historisches Archiv der Stadt, Cod. W 4° 312*. – Fragment 14. Jh. Rheinfränkisch, wahrscheinlich aus dem südlichen Teil. Pergament 13,7 ×10,2 cm, zwei Doppelblätter aus einer Lage, Bl. 2^r verblaßt, Bl. 2/3 oben leicht beschnitten. Ein Schreiber, Verse nicht abgesetzt, rote Initialen an den Abschnittsanfängen. – Enthält ›Gregorius‹ v. 1675–1881, 2271–2448.

ABDRUCK: K. Schröder, Germ. 17 (1872) 28–39; dazu die Nachkollation von Dittmann, S. 51 f.

LITERATUR: K. Menne, Deutsche und niederländische Handschriften, Köln 1937 (Mitt. aus dem Stadtarchiv von Köln, Sonderreihe: Die Hss. des Archivs X, 1), S. 28 f.; Dittmann, S. 48–52; Heinze, S. 10 f.

J Berlin, Staatsbibliothek Stiftung Preußischer Kulturbesitz, Ms. germ. qu. 979. Aus Schloß Spiez am Thuner See, ›Berner Hs.‹ − 15. Jh. Alemannisch. Papier, 111 Bll. (Seitenzählung) 21,2×14,8 cm. Bis auf die Nachträge S. 216 und 222 alles von einer Hand, einspaltig, Verse abgesetzt, Abschnitte durch Zeilenabstand und z. T. durch Raum für Initialen markiert.

INHALT:

ABDRUCK: B. Hidber, Beitr. 3 (1876) 90−133; dazu Nachkollation von Dittmann, S. 37 f.

LITERATUR: H. Paul, Beitr. 3 (1876) 133−139, 358−372; Dittmann, S. 33−38; F. V. Spechtler (Hg.), Die geistl. Lieder des Mönchs von Salzburg, Berlin−New York 1972, S. 63 f.; Heinze, S. 11 f., 21−25 (Abb. von S. 1−8 = v. 1−192) und 68−73 (Abb. von S. 27−38 = v. 545−789).

K Konstanz, Stadtarchiv, Hs. A I 1 (früher W VI 18). − 1. Hälfte 15. Jh. (Wasserzeichen 1423−1425, reguläre Chronikeinträge bis 1439, Randeinträge bis 1449). Alemannisch. Papier, 129 Bll. 31×22 cm. 1^r−89^r ein Schreiber, im Chronikteil und in Randeinträgen weiter vorn mehrere Hände, darunter vermutlich nochmals die Hand des Hauptschreibers. Zweispaltig, Verse nicht abgesetzt, keine Reimpunkte, v. 1 und v. 177 des ›Gregorius‹ Raum für Initiale.

INHALT:

LITERATUR: F. J. Mone, Schauspiele des Mittelalters, Bd. 1, Karlsruhe 1846, S. 204–210; F. Vogt, Ueber Sibyllen Weissagung, Beitr. 4 (1877) 48–100, dort S. 60–62; G. Milchsack, Unser vrouwen klage, Beitr. 5 (1878) 193–357, dort S. 287 f.; Ph. Ruppert (Hg.), Die Chroniken der Stadt Konstanz, Konstanz 1891, S. XIX–XXII; Zwieržina, S. 130–147 (mit Kollation zu Pauls Großer Ausgabe); G. G. van den Andel, Die Margaretalegende in ihren mittelalterlichen Versionen, Diss. Amsterdam, Groningen 1933, S. 121–124; G. Piccard, Zeitbestimmung durch Wasserzeichen, Gutachten 1959 (der Handschrift beigeheftet); Dittmann, S. 38–42; Heinze, S. 12 f., 26–28 (Abb. von 12ᵛ–13ᵛ = v. 1–201), 74–77 (Abb. von 16ᵛ–18ʳ = v. 526–795); K. Gärtner, Marienleben der Konstanzer Hs. A I 1, in: ²Verfasserlexikon 5 (im Druck). Für Hinweise danke ich Werner Williams-Krapp.

L ehemals Berlin, Preußische Staatsbibliothek, Ms. germ. qu. 1532, z. Z. Krakau, Biblioteka Jagiellońska. – 2. Hälfte 13. Jh. Alemannisch (Rosenfeld: Nordschwaben; Dittmann: nordöstl. Hochalemannisch). Drei Pergamentdoppelblätter ca. 24×15 cm,

verschieden beschnitten, am stärksten Bl. 1 (23,2×13 cm). Abge-
löst aus einem um 1485−95 in Erfurt hergestellten Bucheinband.
Ein Schreiber, zweispaltig, Verse abgesetzt, rote Initialen an den
Abschnitts- und Strophenanfängen. Auf Bl. 2^r und 5^r Reste alter
Blattzahlen (jünger als der Text): Cl(...) und Clxx(...?); die
Blätter stammen demnach aus einer größeren Handschrift, Kirch-
ners Lagenrekonstruktion (plausibler als die Rosenfelds) ergibt
für den ›Gregorius‹ den Anfang einer neuen Lage, wobei die
Handschrift den Prolog enthalten hätte.

INHALT:

1^r−4^v	Hartmann von Aue, ›Gregorius‹, v. 607−902, 3467−3796
5^r−6^v	›Winsbecke‹

ABDRUCK (mit leichter Normalisierung der Graphie): J. Kirchner,
Die Berliner Gregoriusfragmente, in: Fünfzehn Jahre Königliche
und Staatsbibliothek. Dem scheidenden Generaldirektor Exz.
Adolf von Harnack ..., Berlin 1921, S. 148−156. Überarbeitet
wiederholt in: J. Kirchner, Ausgewählte Aufsätze, Stuttgart 1970,
S. 45−64.

LITERATUR: H.-F. Rosenfeld, Zur Überlieferung und Kritik des
Winsbeken, ZfdA 66 (1929) 148−170, dort S. 148−158; Ditt-
mann, S. 52−54; Heinze, S. 13 f. Für Überprüfung und zusätzli-
che Angaben danke ich Gisela Kornrumpf.

M Waidhofen an der Thaya (Niederösterreich), Stadtarchiv,
Abschnitt 7 − Verschiedene Schriften Nr. 21. − Fragment 13./14.
Jh. Bairisch-österreichisch. Pergament 25×20 cm, ein Doppel-
blatt, abgelöst vom Einband eines Steuerregisters, Außenseite
stark abgerieben. Zweispaltig, Verse abgesetzt, rote und blaue
Initialen an den Abschnittsanfängen. − Enthält ›Gregorius‹ v.
1979−2098, 2579−2698.

ABDRUCK: H. Rauscher, ZfdA 64 (1927) 285−293; dazu Nachkol-
lation von Dittmann, S. 56.

LITERATUR: Dittmann, S. 54 f.; Heinze, S. 14.

XIV

Alle Handschriften haben mir in Fotokopie vorgelegen. Für freundliche Hilfe danke ich den genannten Bibliotheken.

Neben den Handschriften kommen zwei Bearbeitungen von Hartmanns ›Gregorius‹ für die Textkritik in Betracht:

Arnold   Lateinische Versbearbeitung ›Gesta Gregorii peccatoris‹, von Arnold von Lübeck zwischen 1210 und 1213 für Herzog Wilhelm von Lüneburg verfaßt, vgl. F. J. Worstbrock in: [2]Verfasserlexikon 1, 1978, Sp. 474.
AUSGABE: Arnoldi Lubecensis Gregorius peccator de Teutonico Hartmanni de Aue in Latinum translatus, hg. v. G. v. Buchwald, Kiel 1886. Neuausgabe in Vorbereitung von Johannes Schilling, dem ich für Überprüfung meiner Zitate danke (seine neue Zählung in Klammern).

Prosa   Eine reduzierende Prosa-Umschrift des 14. Jh.s ist in insgesamt 39 Handschriften und 39 Drucken überliefert, nur selten als Einzelstück, in der Regel im Rahmen des Winterteils des Legendars ›Der Heiligen Leben‹ und seiner Redaktionen. In der älteren Hartmann-Forschung wurde die Prosa insgesamt mit F bezeichnet; nachdem von der Forschung zu ›Der Heiligen Leben‹ − vorwiegend durch K. Firsching und W. Williams-Krapp − eine breite und in sich differenzierte Überlieferung nachgewiesen worden ist und die Sigle F von Plate auch für eine einzelne Handschrift der Prosa verwendet wird, scheint es mir richtig, diese Sigle fallen zu lassen.
AUSGABEN: I. V. Zingerle (Hg.), Von Sant Gregorio auf dem Stain und von Sant Gerdraut. Aus dem Winter-Teile des Lebens der Heiligen, Innsbruck 1873 (Innsbruck, UB, Cod. 133 mit Lesarten aus Brixen, Seminarbibliothek, A 2 Nr. 2, und dem ältesten Druck Augsburg 1471); W. Martens (Hg.), Historia de Sancto Gregorio Papa. Beilage zum Programm des Grossherzogl. Progymnasiums Tauberbischofsheim 1883 (nach Heidelberg UB, Cod. pal. germ. 119); B. Plate (Hg.), Gregorius auf dem Stein, Darmstadt 1983 (nach Innsbruck UB, Cod. 631, Frankfurt UB,

Ms. Praed. 7, und München Bayer. Staatsbibl., Cgm 537, in Paralleldruck, mit Auflistung aller derzeit bekannten Textzeugen in der Einleitung).

Ob es sich bei der Handschrift *von sante gregorius dem súnder,* die im 15. Jh. aus der Schreiberwerkstatt des Diebolt Lauber in zwei Buchanzeigen zum Verkauf angeboten wurde, um Hartmanns Text, um die aus diesem abgeleitete Prosa oder um eine der anderen mittelalterlichen Gregorius-Versionen handelt, läßt sich nicht mehr feststellen; vgl. R. Kautzsch, Centralblatt f. Bibliothekswesen 12 (1895), S. 110. Zu den nicht von Hartmann abhängigen Fassungen der Legende vgl. V. Mertens in: [2]Verfasserlexikon 3, 1981, Sp. 244—248.

✧

So schweigsam die Überlieferung hinsichtlich individueller Benutzerinteressen ist, einige Hauptlinien der Rezeption von Hartmanns ›Gregorius‹ lassen sich doch erkennen. Die Mehrzahl der vollständig oder fragmentarisch erhaltenen Handschriften entstammt dem späten 13. und dem 14. Jahrhundert, der Schwerpunkt der Überlieferung liegt eindeutig in Oberdeutschland. Durchweg handelt es sich um Quart- und Foliocodices in sauberer Schrift, mit bescheidener Rubrizierung, aber ohne Bilder — der üblichste Typ also von Handschriften der mittelhochdeutschen Literatur, weder flüchtige Aufzeichnungen nur zum eigenen Gebrauch noch repräsentative Prachtmanuskripte. Soweit der ›Gregorius‹ mit anderen Texten gemeinsam überliefert ist, lassen sich Gattungsverständnis und Leseinteresse der Benutzer erahnen: in höfischer Sprache und Versform gedichtet und durchsetzt von höfisch-ritterlichen Vorstellungen, die keineswegs nur abgewertet werden, ist der ›Gregorius‹ in der Überlieferung doch nie mit der für die Entstehungszeit und das frühe 13. Jahrhundert repräsentativen höfischen Minne- und Aventiureromanliteratur, nie mit rein fiktionalen Erzählungen assoziiert. Die zwei „Romane", mit denen er zusammengestellt wird, sind historisch-geistlich fundiert: Strickers ›Karl‹ (A) und Seifrits ›Alexander‹ (E). Zweimal findet sich der ›Gregorius‹ in Kombination mit höfischer Versdidaktik, beidemale in relativ alten Handschriften: Freidank (D) und ›Winsbecke‹ (L). Etwas häufiger ist die Verbindung der Büßerlegende mit geistlicher Literatur, vorwiegend Verstexten (BGJK): zweimal stehen in der Nachbarschaft Marienklagen (JK), zweimal Bußpsalm und Marienpreis (GJ), zweimal auch im Rahmen größerer Sammlungen weitere Verslegenden (BK). Nähe zu Prosalegenden deutet sich nur einmal in Handschrift B an (›Vitaspatrum‹), eine volle Integration in die Legendentradition aber war nur bei der Prosabearbeitung möglich.

Die innere Geschichte des Textes, der Prozeß der Veränderung und Variation des Wortlauts im Lauf der Überlieferung, ist trotz vieler Bemühungen der Forschung keineswegs ganz geklärt. Eine Bestimmung des Handschriftenverhältnisses hat 1893 Konrad Zwieržina versucht. Anläßlich seiner Entdeckung der Handschrift K hat er alle damals bekannten Handschriften nach sämtlichen Lesartenkombinationen untersucht, hat dabei zahlreiche Beobachtungen zu Veränderungstendenzen einzelner Handschriften mitgeteilt und schließlich ein Stemma aufgestellt. Wenn man seine schematische Skizze so verdeutlicht, daß zugleich das ungefähre Alter der Textzeugen augenfällig wird, und wenn man die seither gefundenen Fragmente L und M nach Dittmann einfügt, sieht Zwieržinas Stemma so aus (die einigermaßen vollständigen Handschriften sind halbfett gesetzt):

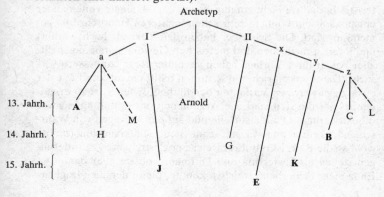

XVII

Nicht einordnen konnte Zwieržina das Fragment D (es dürfte zur Gruppe II gehören). Auch die Prosa hielt er dem Stemma fern, da der Redaktor mehrere Handschriften verschiedener Klassen benutzt habe. Im übrigen aber schloß Zwieržina Kreuzungen und Kontaminationen aus: alle Lesartenkombinationen, die seinem Stemma widersprachen, erklärte er in gewissenhafter Einzelargumentation für zufällig entstanden.

Seither hat sich als einziger Wolfgang Dittmann ähnlich intensiv auf die Frage des Handschriftenverhältnisses eingelassen. Er hat einige Schwächen in Zwieržinas Argumentation aufgezeigt und insbesondere überzeugend nachgewiesen, daß Zwieržina Lesartenkombinationen, die seinem Stemma entsprachen, als Bestätigung oder Beweis gewertet hat, während er etwa gleichgewichtige, die dem Stemma widersprachen, als zufällig erklärte. Dittmann seinerseits glaubte, aufgrund von widersprüchlichen Lesartenkonstellationen beweisen zu können, daß es in der ›Gregorius‹-Überlieferung Kontaminationen gegeben hat, die die Erstellung eines Stemmas unmöglich machen. Mir scheinen seine positiven Beweise nicht in gleichem Maße stichhaltig zu sein wie seine Kritik: Kontamination ist öfters nur eine der möglichen Erklärungen für den Befund in seinen Belegen. Die Schwierigkeit einer unanfechtbaren Beweisführung liegt offenbar darin, daß Lesarten, die evidentermaßen sekundär sind und doch so charakteristisch, daß sie nicht zufällig zweimal unabhängig voneinander entstanden sein können, sehr selten mehreren Handschriften gemeinsam sind. Die Schreiber haben den Text oft leicht variiert und ihren sprachlichen und metrischen Gewohnheiten angepaßt, aber Fehler ihrer Vorlage haben sie in der Regel zu bessern versucht. Da es uns an sicheren Kriterien fehlt, um aus der Fülle der etwa gleichwertigen Varianten den authentischen Text zu erkennen, bleibt die stemmatische Argumentation weithin auf schwer objektivierbare Qualitätsurteile und auf ein Abwägen von Wahrscheinlichkeiten angewiesen. Eine neue Untersuchung müßte wohl an die Beweiskraft ihrer Belege noch strengere Anforderungen stellen als Zwieržina und Dittmann; ob sie aber damit am Ende mehr Sicherheit erreichen könnte, bleibt dennoch fraglich.

Im Rahmen der vorliegenden Neuauflage war der Versuch einer neuen grundsätzlichen Klärung der Handschriftenverhältnisse von vornherein ausgeschlossen. So bleibt nur der heutige Stand der Diskussion festzuhalten: Der oben wiedergegebene Stammbaum Zwieržinas behält einen gewissen Wert als Orientierung über die dominierenden Handschriftengruppierungen; auch Dittmann erwägt (S. 160), »daß Zwieržinas Gruppierung in I und II (oder I und x, wenn G ausfällt) hinter allen Kreuzungen wahrscheinlich als das primäre, d. h. ursprüngliche Abhängigkeitsverhältnis anzusprechen wäre«. Andererseits sind die dem Stemma widersprechenden Lesartenkombinationen, mögen sie nun durch Kreuzung, durch unabhängige aber gleichgerichtete Veränderung oder durch richtige Schreiberkonjekturen zustandegekommen sein, so zahlreich und so gewichtig, daß das Stemma keinesfalls als gesicherte Grundlage textkritischer Einzelentscheidungen angesehen werden darf. Und wenn, was Dittmann zumindest als Möglichkeit nachgewiesen hat, tatsächlich Kreuzungen vorgekommen sind, so kann theoretisch jede Handschrift gegen alle übrigen Zeugen allein die echte Lesart bewahrt haben (Dittmann, S. 183). In der Praxis freilich würde man sehr zögern, der vereinzelten Lesart eines sonst sehr unzuverlässigen Textzeugen den Vorzug zu geben. Denn quer zu den Diskussionen um die Verwandtschaftsverhältnisse besteht ein Konsens über die relative Vertrauenswürdigkeit der wichtigsten Handschriften: A hat mehr Autorität als J, K mehr als E, eine von AK gestützte Lesart hat daher mehr Gewicht als eine aus EJ – natürlich nur, »wo die erwägung nach innerem wert und inhalt der lesart versagt« (Zwieržina, S. 412). Eine dringende Aufgabe wäre es, den fünften einigermaßen vollständigen Textzeugen B, von dem Zwieržina nur die Auszüge B_1 kannte, in ganzer Breite auf seine Vertrauenswürdigkeit zu befragen.

Für die Gestaltung einer Ausgabe ergeben sich aus dieser Situation zwei Möglichkeiten: Entweder man hält sich streng an eine einzelne Handschrift als an eine konkret faßbare Rezeptionsstufe des Texts. In Frage käme der älteste einigermaßen vollständige Textzeuge, die nach dem Konsens aller Kenner relativ beste

Handschrift A. Selbst wenn man, wie es beim Leithandschriften-prinzip meist geschieht, offenkundige Fehler dieser Handschrift verbesserte, verzichtete man bei diesem Verfahren auf den An-spruch, dem Text Hartmanns so nahe wie möglich zu kommen; denn um die geschichtliche Realität der Rezeptionsstufe nicht zu verfälschen, müßte man Lesarten, die an sich sinnvoll sind, im Text stehen lassen, auch wenn andere Handschriften auf einen Hartmann näherstehenden Text führen. Oder aber man bietet einen eklektischen Text, d. h. man setzt alle erreichbaren Kennt-nisse über Hartmanns Sprache und Stil und über die Eigenarten und Qualitäten der einzelnen Handschriften und der Handschrif-tengruppen und dazu ein an diesen Kenntnissen geschultes, aber oft nicht mehr im einzelnen begründbares »Gespür« ein, um an jeder Stelle die beste, d. h. dem vermutlichen Text Hartmanns nächste Fassung aus der gesamten Überlieferung auszuwählen oder zu erschließen. Man verzichtet damit auf die Geschlossen-heit und Sicherheit eines konkret bezeugten Texts und kann dafür dem (oder einem) Text Hartmanns gewiß näherkommen, aller-dings ohne ihn je ganz zu erreichen. Beide Verfahren, kompetent durchgeführt, scheinen mir gleich legitim. Die Paulsche Ausgabe des ›Gregorius‹ war, auch wenn sie sich naturgemäß besonders häufig auf A gründet, von Anfang an und durch alle Wandlungen in den verschiedenen Auflagen hindurch immer in dem beschrie-benen Sinne eklektisch. Die Unterschiede zwischen Paul und sei-nen Nachfolgern Leitzmann und Wolff liegen eher darin, daß diese auf dem von Paul eingeschlagenen Weg glaubten noch wei-tergehen zu können, während Paul im Zweifelsfall lieber bei der Textfassung stehen geblieben ist, auf die die Überlieferung (in ihrer Gesamtheit!) zurückführt, auch wenn damit die *kristallînen wortelîn* Hartmanns noch nicht ganz erreicht zu sein schienen.

☆

Die Neuauflage setzt sich ein bescheidenes Ziel. Basistext der Revision war die von Ludwig Wolff besorgte 12. Auflage. Eigene Lösungsvorschläge habe ich nur sehr selten gemacht. Mehrfach aber bin ich zu dem vorsichtigeren Urteil Hermann Pauls zurückgekehrt. Dabei habe ich mich an die 5., die letzte von ihm betreute Auflage gehalten; sie hat vor der 1. Auflage und der Großen Ausgabe den Vorteil, daß Paul in ihr die Handschrift K und die Untersuchungen Zwieržinas berücksichtigt hat, allerdings – und gerade das macht sein Urteil heute wieder interessant – zurückhaltender als Leitzmann und Wolff. Beim Abwägen zwischen den Entscheidungen Pauls und Wolffs habe ich das generelle Gewicht der einzelnen Handschriften und Handschriftengruppierungen etwas konsequenter zu beachten versucht. Das impliziert auch, daß ich Sonderlesarten von A, insbesondere wo sie gegen das geschlossene Zeugnis der übrigen Handschriften stehen, zurückgedrängt habe.

Etwas häufiger habe ich mich von Wolffs Text nur in der metrischen Gestaltung der Verse entfernt, meist in Übereinstimmung mit Paul: 1. habe ich Wortzusammenziehungen vielfach rückgängig gemacht, insbesondere wenn sie durch die Handschrift A nicht gedeckt waren. 2. habe ich mich nicht gescheut, unterfüllte oder überfüllte Verse gelten zu lassen, wenn die Überlieferung dies nahelegte; in diesem Sinne deute ich auch die Fälle, in denen die meisten Handschriften zwar die metrische Norm erreicht haben, aber augenscheinlich erst sekundär durch je verschiedene und verschieden lozierte Füllwörter: offenbar haben die Schreiber da unabhängig voneinander eine metrische Gleichmäßigkeit angestrebt, die im Archetypus nicht mit gleicher Entschiedenheit durchgeführt war.

Der Versbestand ist unverändert geblieben. Einige vermutlich unechte Verse stehen wie in früheren Auflagen in eckigen Klammern. Einige weitere Verse, die Lachmann für echt gehalten hat, sind im Apparat nachgewiesen. Die alte Zählung Lachmanns, der den Prolog noch nicht kannte, zugleich die Zählung der Großen Ausgabe Pauls, auf die sich auch der wichtige Aufsatz Zwieržinas noch bezieht, ist in kleiner Schrift am rechten Rand mitgeführt.

Die wichtigste Neuerung der Neuauflage ist ein kleiner Auswahlapparat unter dem Text. Eine Dokumentation der gesamten Überlieferung, so dringend erwünscht sie auch ist, war im Rahmen dieser Studienausgabe nicht zu leisten. Andererseits schien mir die bisherige Praxis, in der Einleitung nur die Abweichungen von Pauls Großer Ausgabe mit knappsten Hinweisen zur handschriftlichen Bezeugung zu verzeichnen, seit langem unbefriedigend: die Große Ausgabe ist durch Neufunde teilweise überholt und überdies nicht einmal in allen Bibliotheken vorhanden; und wenn je ein Benutzer die kleingedruckten Listen, auf die die Herausgeber viel Mühe verwandt haben, die aber vom Text getrennt, schwer benützbar und zuletzt durch manche kleine Irrtümer und Druckfehler belastet waren, wenn je ein Benutzer diese Listen zu Rate gezogen hat, konnte er sich doch kein zureichendes Bild von der Überlieferung machen. Ich habe eine neue »kleine Lösung« im direkten und durchgehenden Bezug wenigstens auf einen Überlieferungsträger gesucht, und ich hoffe, daß gerade ein Auswahlapparat dieser Art auch dem Studenten, für den diese Ausgabe vorwiegend bestimmt ist, ein Bewußtsein davon wecken kann, daß und wie dieser Text durch die Überlieferung vermittelt und aus der Überlieferung erschlossen ist.

Der Apparat ist nach folgenden Prinzipien erstellt:

1 Nachgewiesen werden alle Abweichungen des kritischen Texts von der Handschrift A, die seit je in der Textkonstitution eine herausragende Rolle gespielt hat, wenn auch nie im Sinne einer Leithandschrift; wo der Text in A fehlt (wie vor allem im Prolog und Epilog), werden die Lesarten aller Handschriften nachgewiesen.

2 Nachgewiesen werden ferner die Abweichungen der vorliegenden Auflage von der 5. und der 12. Auflage; damit wird wenigstens ein Teil jener Stellen erfaßt, an denen der Text dieser Auflage A oder einer Handschriftengruppierung, an der A beteiligt ist, folgt, andere Lesarten aber zumindest diskutabel sind.

3 An den durch 1 und 2 definierten Stellen werden auch alle übrigen überlieferten Lesarten verzeichnet, soweit sie zur Klärung beitragen können; Handschriften, die die betreffende Stelle gar nicht oder in einer völlig abweichenden, für die Text-

konstitution offensichtlich irrelevanten Fassung bieten, werden dabei stillschweigend übergangen; auf Handschriften, die in einer für die Klärung des jeweiligen Problems irrelevanten Weise abweichen, aber indirekt doch eine relevante Lesart stützen, wird durch die eingeklammerte Handschriftensigle hingewiesen. Arnold wird zitiert, wo sein Zeugnis Gewicht haben könnte. Die Prosa dagegen bleibt unberücksichtigt: die Ausgabe Plates hat eine überraschende Variabilität der Prosafassungen sichtbar werden lassen mit Sonderähnlichkeiten zwischen einzelnen Prosa- und einzelnen Vershandschriften; wie immer diese zustande gekommen sein mögen – Plate denkt an mehrfache erneute Benutzung von Vershandschriften, ich würde eher den Zufall im freien Variationsspiel der Prosaüberlieferung verantwortlich machen – als Zeugnis für die Rückgewinnung von Hartmanns Text ist die Prosa damit kaum noch zu gebrauchen.

4 Zur Entlastung des Apparats gelten für 1 bis 3 folgende Einschränkungen: Vernachlässigt werden
   – Abweichungen, die nur die graphische und metrische Einrichtung betreffen;
   – Varianten der Flexion, soweit nicht der Sinn tangiert ist (z. B. starke, schwache oder unflektierte Form des Adjektivs);
   – übliche Wortzusammenziehungen (z. B. *ze der* / *zer*);
   – Wort- und Formvarianten ohne wesentliche semantische Relevanz wie *diser* / *dirre, dehein* / *kein, mê* / *mêre, ie* / *iemer* / *immer* und *nie* / *niemer* / *nimmer, dann(e)* / *denn(e), wande* / *wanne* / *wan* ›denn, wann‹, *niht wan* / *niwan* / *wan* ›nur‹, *alde* (so immer A) / *oder, unz* / *biz* / *unz daz* / *biz daz, alsus* / *alsô* / *alse* / *als* / *sus* / *sust* / *sunst* / *sô, alsam* / *sam, engegen* / *gegen* / *gên, dâ* / *dô* (in den Handschriften großenteils nicht semantisch differenziert), *gar* / *garwe* (die längere Form von Leitzmann/Wolff mehrfach aus metrischen Erwägungen gegen die Überlieferung eingesetzt aufgrund der Erec-Reime *varwe*: *garwe*), *ors* (AH Wolff) / *ros* (BEJK, Paul schwankt);

- Schreibweise und Vorhandensein oder Fehlen der Negationspartikeln *en* / *ne* / *n* und *iht* / *niht,* wenn der Sinn nicht tangiert ist;
- schließlich triviale Schreibfehler, hinter denen sich kein anderes Textverständnis verbergen kann.

5 Die Lesarten werden im Apparat in der Schreibung des jeweils zuerst genannten Zeugen gegeben, eindeutige Abkürzungen sind jedoch aufgelöst. Großschreibung markiert den Versanfang. Vor der Lemmaklammer steht die handschriftliche Grundlage des kritischen Texts, gelegentlich die Berufung auf einen früheren Herausgeber oder den Urheber einer Konjektur. Soweit es zur Identifizierung und Abgrenzung nötig ist, wird davor außerdem der Bezugstext wiederholt (wobei hier die folgenden Handschriftensiglen nicht eine Identität in der graphisch-sprachlichen Einrichtung implizieren). Nach der Lemmaklammer folgen die Abweichungen und gelegentlich weitere für die Beurteilung der Stelle wichtige Hinweise.

Literaturhinweise

Die Literatur zu Hartmanns Werk ist überreich, aber gut erschlossen. So beschränke ich mich auf die wichtigsten Ausgaben und Untersuchungen zur Überlieferung und Textkritik, die z. T. abgekürzt zitiert werden. Voran stelle ich einige Titel, die den Einstieg in die Hartmann-Forschung erleichtern können. Literatur zu den einzelnen Textzeugen ist bei diesen zitiert, gelegentlich benutzte Literatur an Ort und Stelle.

Einführendes, Hilfsmittel

Hendricus Sparnaay, Hartmann von Aue. Studien zu einer Biographie. 2 Bd.e, Halle 1933 und 1938. Nachdruck [in einem Bd. mit einem Vorwort von Christoph Cormeau] Darmstadt 1975.

Peter Wapnewski, Hartmann von Aue, Stuttgart 1962 (Sammlung Metzler M 17). 7., ergänzte Auflage, Stuttgart 1979.

Hartmann von Aue, hg. v. Hugo Kuhn und Christoph Cormeau, Darmstadt 1973 (Wege der Forschung 359).

Elfriede Neubuhr, Bibliographie zu Hartmann von Aue, Berlin 1977 (Bibliographien zur dt. Lit. des Mittelalters 6).

Roy A. Boggs, Hartmann von Aue. Lemmatisierte Konkordanz zum Gesamtwerk. 2 Bd.e, Nendeln 1979 (Indices zur dt. Lit. 12/13).

Christoph Cormeau, Hartmann von Aue, in: [2]Verfasserlexikon 3, 1981, Sp. 500−520.

Ausgaben

Lachmann = Gregorius. Eine Erzählung von Hartmann von Aue, hg. v. Karl Lachmann, Berlin 1838. Dazu der kritische Apparat: Karl Lachmann, Lesarten zu Hartmanns Gregorius, ZfdA 5 (1845) 32−69.

Bech = Hartmann von Aue, hg. v. Fedor Bech. 2. Teil: Lieder. Erstes Büchlein. Zweites Büchlein. Grêgorjus. Der arme Heinrich, Leipzig 1867 (Dt. Classiker des Mittelalters 5).

Paul Gr. Ausg. = Gregorius von Hartmann von Aue, hg. v. Hermann Paul, Halle 1873. Ab 1876 ausgeliefert mit einem Nachtrag.

Paul = Gregorius von Hartmann von Aue, hg. v. Hermann Paul, 5. Aufl., Halle 1919 (ATB 2).

Wolff = Gregorius von Hartmann von Aue, hg. v. Hermann Paul, 12. Aufl., besorgt v. Ludwig Wolff, Tübingen 1973 (ATB 2). Mit ›Wolff‹ werden auch solche Änderungen gegenüber Paul bezeichnet, die auf die von A. Leitzmann besorgte 6. bis 8. Auflage zurückgehen und von Wolff beibehalten worden sind. ›Leitzmann‹ ohne Zusatz bezieht sich auf den unten angeführten Aufsatz.

Neumann = Hartmann von Aue, Gregorius. Der »Gute Sünder«, hg. und erläutert von Friedrich Neumann, Wiesbaden 1958 (Deutsche Klassiker des Mittelalters NF 2). 5. Aufl. besorgt von Christoph Cormeau, Wiesbaden 1981.

Ausgabe von Hartmanns altfranzösischer Vorlage: La Vie du Pape Saint Grégoire. Huit versions françaises médiévales de la légende du bon pécheur, ed. Hendrik Bastian Sol, Amsterdam 1977.

Zu Überlieferung und Textkritik

Franz Pfeiffer, Quellenmaterial zu altdeutschen Dichtungen I, Wien 1867, S. 20−49, auch in: Denkschriften d. Kais. Ak. d. Wiss., Phil.-hist. Cl. 16, Wien 1869, S. 176−205 (danach hier zitiert).

Adolf Seelisch, Zur textkritik von Hartmanns Gregorius, ZfdPh 16 (1884) 257−306.

Konrad Zwieržina, Überlieferung und kritik von Hartmanns Gregorius, ZfdA 37 (1893) 129−217, 356−416.

Albert Leitzmann, Zu Hartmanns Gregorius, Beitr. 54 (1930) 355−367.

Günther Jungbluth, Zum Text des Gregorius, Beitr. (Tübingen) 83 (1961/62) 157−161.

Wolfgang Dittmann, Hartmanns Gregorius. Untersuchungen zur Überlieferung, zum Aufbau und Gehalt, Berlin 1966 (Philol. Studien u. Quellen 32).

Hansjürgen Linke, Epische Strukturen in der Dichtung Hartmanns von Aue, München 1968, Tabelle I−VIII: Handschriftliche Überlieferung der Abschnittsgrenzen von Hartmanns ›Gregorius‹.

Norbert Heinze, Hartmann von Aue, Gregorius. Die Überlieferung des Prologs, die Vaticana-Handschrift A und eine Auswahl der übrigen Textzeugen in Abbildungen, Göppingen 1974 (Litterae 28).

Mîn herze hât betwungen
dicke mîne zungen
daz si des vil gesprochen hât
daz nâch der werlde lône stât:
5   daz rieten im diu tumben jâr.
nû weiz ich daz wol vür wâr:
swer durch des helleschergen rât
den trôst ze sîner jugent hât
daz er dar ûf sündet,
10   als in diu jugent schündet,
und er gedenket dar an:
›dû bist noch ein junger man,
aller dîner missetât
der wirt noch vil guot rât:
15   du gebüezest si in dem alter wol‹,
der gedenket anders danne er sol.
er wirt es lîhte entsetzet,
wande in des willen letzet
diu êhafte nôt,

Überschriften: Hie hebet sich gregorius an *A,* Gregorius in dem steine *B,* Dicz
pûch ist von dem lieben sant gregorio Den got mit freuden zv im zôh *G,* Dis ist
die vorred von dem bûch dez gûten herren sant gregorien alz hie nach stât *und
vor v. 177* Hie nach stât geschriben von dem leben sant gregorien wie do ze ziten
ain frôwe lebt die waz sin mûter sin baz und ôch sin wip *J, keine Überschriften
EK*   **1-170** *fehlt A,* 1-176 *fehlt BE*   1 hât *GK*] das hatt *J*   **2** *K*] Vnd dicke
G, Gar vil vnd dik *J*   3 *GJ*] vil des *K*   **4** Daz *GK*] Dar *J*   **5** *fehlt G;* im diu
Zwieržina 407] nun die *K,* mir min *J*   **6** *JK*] Vnd waizz daz *G;* wol *GJ*]
fehlt K   7 *G*] helle schregen *K,* túfels *J*   **10** *GK*] Alz im sin mût will
kúndet *J*   **11** Und *J*] Daz *GK Paul*   12 noch *GJ*] *fehlt K*   **14** *GK*] Wirt
villicht noch gût r. *J*   **15** *K*] bûssest es an *J,* gebetest in *G,* gebüezest in *Paul*
16 *JK*] Der gedencht niht als er zereht sol *G*   **17-20** *fehlt G*   17 es lîhte] licht
J, es vil licht *K*   **18** *K*] dez sin wille *J*   **19** *K*] Die gross vnd ehaftig not *J*

20 sô der bitterlîche tôt
den vürgedanc richet
und im daz alter brichet
mit einem snellen ende.
der gnâden ellende
25 hât danne den bœsern teil erkorn.
und wære aber er geborn
von Adâme mit Abêle
und solde im sîn sêle
weren âne sünden slac
30 unz an den jungisten tac,
sô hæte er niht ze vil gegeben
umbe daz êwige leben
daz anegenges niht enhât
und ouch niemer zegât.
35   Durch daz wære ich gerne bereit
ze sprechenne die wârheit
daz gotes wille wære
und daz diu grôze swære
der süntlîchen bürde
40 ein teil ringer würde
die ich durch mîne müezikeit
ûf mich mit worten hân geleit.
wan dâ enzwîvel ich niht an:
als uns got an einem man
45 erzeiget und bewæret hât,
so enwart nie mannes missetât
ze dirre werlde sô grôz,
er enwerde ir ledic unde blôz,

20 K] der grymm bitter J   **21** J] richtet GK   **22** im JK] in G; alter GK]
leben J Paul   **25** JK] pezzern G   **26** G] Vnd wer er erborn J, We im daz er
ward ie geboren K   **28** im K] mit im GJ Paul   **29** Weren âne GK] Werden der
J; GJ] sünder K   **33** GK] anvanges J   **34** GK] niemer me J   **36** die GJ]
von der K   **37.38** fehlt G   **37** Daz JK] Daz ez Paul   **39** K] V́nser s. b. J, Da
immer sŭndecleiche b. G   **40.41** Ein teil durch meine mŭlicheit Die ich ge-
ringet wŭrde G   **41** mîne GK] niner K; müezikeit K Paul] missekait J, vgl. G
v. 40, unmüezikeit Wolff nach Leitzmann, vgl. Neumann   **42** hân JK] hin G
43–82 fehlt G   **45** K] Erzŏgt J   **46** enwart K] wirt J; niemans J, nie kaines
manes K   **47** Ze dirre K] In der J Paul   **48** Er werd J, Der súnder werd K

ob si in von herzen riuwet
50 und si niht wider niuwet.
    Von dem ich iu nû sagen wil,
des schulde was grôz unde vil
daz si vil starc ze hœrenne ist,
wan daz man si durch einen list
55 niht verswîgen getar:
daz dâ bî neme war
älliu sündigiu diet
die der tiuvel verriet
ûf den wec der helle,
60 ob ir deheiner welle
diu gotes kint mêren
und selbe wider kêren
ûf der sælden strâze,
daz er den zwîvel lâze
65 der manigen versenket.
swer sich bedenket
houbethafter missetât
der er vil lîhte manige hât,
sô tuot er wider dem gebote,
70 und verzwîvelt er an gote,
daz er sîn niht enruoche
ob er genâde suoche,
und entriuwet niemer wider komen:
sô hât der zwîvel im benomen
75 den wuocher der riuwe.
daz ist diu wâre triuwe
die er ze gote solde hân:
buoze nâch bîhte bestân.
wan diu vil bitter süeze

49.50 *K*] rúwent : núwent *J*   **50** si *K*] si die *J*, sich *Wolff nach Leitzmann*
54 Wan *K*] Denn *J*   **56** *K*] Vnd daz *J*   **57** *K*] súntliche gediet *J*   **60** da
kainer *K*, dehainer noch *J*, dehein noch *Paul*   **61** Diu *K*] *fehlt J*   **62** selber
K, selb ŏch *J*   **63** *fehlt J;* Vss *K*   **64** *Danach:* Vnd sich der súnden mǎss *J*
65 Der *K*] Die *J*   **66** *fehlt K*   **68** lîhte manige *J*] *fehlt K*   **70** er *K*] denn *J*
71 *Paul*] Daz er ir nit rǔchet *J*, Der in sich nit enrǔche *K*   **72** *K*] Vnd gnǎd dar
vmb sǔchet *J*   **73** *K*] niemer getrúwt wider ze k. *J*   **74** im *J*] in *K*   **76** *K*]
Vnd sinen grossen trúwe *J*   **79** *K*] So wirt der rúwe sǔsse *J*

80 twinget sîne vüeze
ûf den gemeinlîchen wec:
der enhât stein noch stec,
mos gebirge noch walt,
der enhât ze heiz noch ze kalt.

85 man vert in âne des lîbes nôt
und leitet ûf den êwigen tôt.
sô ist der sælden strâze
in eteslîcher mâze
beide rûch und enge.

90 die muoz man ir lenge
wallen unde klimmen,
waten unde swimmen,
unz daz si hin leitet
dâ si sich wol breitet

95 ûz disem ellende
an ein vil süezez ende.
Den selben wec geriet ein man:
zer rehten zît er entran
ûz der mordære gewalt.

100 er was komen in ir walt,
dâ hâten si in nider geslagen
und im vrevellîche entragen
aller sîner sinne kleit
und hâten in an geleit

105 vil marterlîche wunden.
ez was zuo den stunden
sîner sêle armuot vil grôz.

80 K] Vnd tringt zů sinen fůssen J   81 J] gemächelichern K Paul   82 J] Der
weder haut staine K   83 Mos J] Noch GK   84 G] Noch hett ze K, Er enist
ze J   85 Man J] Wan K, Er G; in GK] jnn ab J; âne JK] fehlt G   86 Er
laitet aber vff den JK Paul, Vnd leit auf in den G   87–176 fehlt G   87 Sô K]
Nu J   88 J] Vff ettlicher K   90 ir K Neumann] die J Paul Wolff   91 J]
Vallen K   93 hin K] jnn hin J Paul; J] gelaitet K   94 Dâ K] Daz J; beraitet
JK   95.96 Uz . . . An K] Vnd . . . Git J   97 wec geriet J] was gerait K   98 K]
Ze rechter J Paul   100 walt K] gehalt J Paul, behalt Wolff nach Leitzmann,
(walt :) gewalt Jungbluth, vgl. A. Bennholdt-Thomsen Euph. 56 (1962) 175
3 K] Gar alle die sinen klaid J   4 in K] jm J   5 K] Die marterlichen J Paul

4

        sus liezen si in . . blôz
        unde halp tôt ligen.
110   do enhâte im got niht verzigen
        sîner gewonlîchen erbarmekeit
        und sande im disiu zwei kleit,
        gedingen unde vorhte,
        diu got selbe worhte
115   daz si im ein schirm wæren
        und allen sündæren:
        vorhte daz er erstürbe,
        gedinge daz er iht verdürbe.
        vorhte liez in dâ niht ligen.
120   doch wære er wider gesigen,
        wan daz in der gedinge
        machete alsô ringe
        daz er doch weibende saz.
        dar zuo sô starcte in baz
125   diu geistlîche triuwe
        gemischet mit der riuwe.
        si tâten im vil guotes
        und ervurpten in des bluotes.
        si guzzen im in die wunden sîn
130   beidiu öl unde wîn.
        diu salbe ist linde und tuot doch wê,
        daz öl diu gnâde, der wîn diu ê,
        die der sündære haben muoz:
        sô wirt im siechtuomes buoz.
135   alsus huop in bî sîner hant

8 . . blôz *Paul*] vngebloss *K*, siglos *J*, vingerblôz *Wolff nach Zwierzina ZfdA 45
(1901) 365f., vgl. Leitzmann,* sinne blôz *Neumann,* tugentblôz *Jungbluth,* tu-
gende blôz *F. Ohly, Der Verfluchte und der Erwählte, Opladen 1976, S. 26*
9 tôt *K*] fúr tot *J*   **10** Do hatt *J*, Denne hett *K*   **11** *K*] Ainer *J; J*]
arbarmhertzikait *K*   **12** sande im *K*] hǎt noch *J*   **13** *K*] vnd ǒch *J*   **15** im *K*]
fehlt J   **16** *K*] Aller *J*   **17** *K*] Die v. d. er sturb *J*   **20** wider *K*] nider *J*
21 in *K*] *fehlt J Paul*   **22** alsô *K*] jnn also *J Paul*   **23** *K*] werbende *J*   **24** sô
K] *fehlt J*   **25** mňe *verbessert zu* trúwe *K*   **25.26** trúwen : dem rúwen *J*
26 *K*] Gemischelt *J*   **27** im *J*] nun *K*   **28** *K*] súbertent *J; K*] mǔtez *J*
29 im *K*] *fehlt J*   **30** *K*] vnd ǒch *J*   **31** linde *K*] senft *J;* we *J*] wie *K*
32 *nach* öl: vnd win dü salbe ist linde *ausgestrichen K*   **35** bî *K*] mit *J*

5

diu gotes gnâde als si in vant
ûf ir miltez ahselbein
und truoc in durch beruochen hein.
dâ wurden im verbunden
140   sîne verchwunden
daz er âne mâsen genas
und sît ein wârer kemphe was,
er eine über al die kristenheit.
noch enhân ich iu niht geseit,
145   welh die wunden sint gewesen
der er sô kûme ist genesen,
wie er die wunden emphie
und wie er sich ir ergie
âne den êwigen tôt.
150   des ist ze hœrenne nôt
und ze merkenne in allen
die dâ sint vervallen
under bercswæren schulden,
ob er ze gotes hulden
155   dannoch wider gâhet,
daz in got gerne emphâhet.
wan sîner gnâden ist sô vil
daz er des niene wil
und ez gar verboten hât
160   daz man durch deheine missetât
an im iht zwîvelhaft bestê.
ez enist dehein sünde mê,
man enwerde ir mit der riuwe
ledic unde niuwe,
165   schœne unde reine,
niuwan der zwîvel eine:

36 Diu *K*] *fehlt J*; si in *K*] jnn do *J*   **38** beruochen] verrûchen *K*, gnâde *J, vgl.*
Dittmann 191   **40** *K*] Alle sine *J*   **41** *J*] mâssen *K*   **42** *K*] kempfer *J*
43 Er eine *K*] *fehlt J*   **44** Noch *K*] Nu *J*   **48** er sich ir ergie *Zwieržina 410*] er
sich der wunden ergie *J Paul*, er gieng *K*   **49** An dẽ *K*, An dem *J*   **50** Dez *J*,
Der *K*   **53** *J*] Grossen schwären schulden *K*   **54** er] ez *J*, ieman *K*
58 niene w. *K*] nit enwil *J Paul*   **61** iht] ich *K*, nit *J; J*] bestaut *K*   **62** mê *J*]
fehlt K   **63** der riuwe *J*] rúwen *K*   **64** unde *K*] vnd ȯch *J; J*] rúwen *K*
65 *K*] vnd ȯch *J*   **66** Niuwan] Nu *J*, Rúwen *K*

6

der ist ein mortgalle
ze dem êwigen valle
den nieman mac gesüezen
170 noch wider got gebüezen.
     Der dise rede berihte,
in tiusche getihte,
daz was von Ouwe Hartman.
hie hebent sich von êrste an
175 diu seltsænen mære
von dem guoten sündære.
     Ez ist ein wälhischez lant,
Equitâniâ genant,
und lît dem mere unverre:
180 des selben landes herre
gewan bî sînem wîbe
zwei kint diu an ir lîbe
niht schœner mohten sîn,
einen sun und ein tohterlîn.
185 der kinde muoter erstarp,
dô si in daz leben vol erwarp.
dô diu kint wâren
komen ze zehen jâren,
do ergreif den vater ouch der tôt.
190 dô er im sîn kunft enbôt
sô daz er in geleite,
dâ er von siecheite
sich des tôdes entstuont,
dô tet er sam die wîsen tuont:
195 zehant er besande
die besten von dem lande
den er getrûwen solde

69.70 *J*] gebússen : gesússen *K*   **72** *K*] In tůsche hat getihte *A*, Mit tútschem
getichte *J*   **76** dem *JK*] ainem *A*   **77** *G*] wælchs *A*, welsches *JK(B)*, wey-
lischs *E*   **79** *BG*] dem m. nit verre *K*, von dem m. vnverre *A*, an dem m. vnd
verre *E*, dem m. gar vnverr *J*   **80** landes herre *BGJK(E)*] *nicht mehr lesbar*
(*nach dem Abdruck von Greith:* ein richer herre) *A*   **85** erstarp] starp
AEJ Paul, die erstarp *BK Wolff*   **87.88** wâren Komen ze *BEJK*] chomen waren
Vnce *A*   **89** ouch *BEJK*] *fehlt A*   **90** kunft *BEJK*] zv chûnft *A*   **97.98** *BEJK*]
wolde : solde *A*

7

             und in bevelhen wolde
             sîne sêle und ouch diu kint.
200   Nû daz si vür in komen sint,   30
             mâge man und dienestman,
             sîniu kint sach er dô an:
             diu wâren gelîche
             sô rehte wünneclîche
205   gerâten an dem lîbe
             daz einem herten wîbe
             ze lachenne wære geschehen,
             ob si si müese an sehen.
             daz machete sînem herzen
210   vil bitterlîchen smerzen.   40
             des herren jâmer wart sô grôz
             daz im der ougen regen vlôz
             nider ûf die bettewât.
             er sprach: ›nû enist des niht rât,
215   ich enmüeze von iu scheiden.
             nû solde ich mit iu beiden
             alrêrst vreuden walten
             und wünneclichen alten.
             der trôst ist nû zegangen:
220   mich hât der tôt gevangen.‹   50
             nu bevalh er si bî handen
             den herren von den landen
             die durch in dar wâren komen.
             hie wart grôz weinen vernomen.
225   ir jâmer zuo den triuwen
             schuof dâ grôz riuwen.
             alle die dâ wâren
             die begunden sô gebâren,
             als ein ingesinde guot
230   umbe ir lieben herren tuot.   60
             Als er diu kint weinen sach,
             ze sînem sun er dô sprach:

98 in J] im E, er B, den er AK   99 ouch diu EJK] siniv AB   201 man und
JK] man A, vnnd EB   4 Sô BEK] Vnd so AJ   11 herren BEJK] herzen A
17 BEJK] vrivde A   19 nû BJK] iv A, fehlt E   21 bî handen E] behanden K,
bi den handen J, ze handen B, fehlt A

8

　　　　　›sun, war umbe weinestû?
　　　　　jâ gevellet dir nû
235　　　mîn lant und michel êre.
　　　　　jâ vürhte ich harte sêre
　　　　　dîner schœnen swester.
　　　　　des ist mîn jâmer vester
　　　　　und beginnez nû ze spâte klagen
240　　　daz ich ze allen mînen tagen　　　　70
　　　　　ir dinc niht baz geschaffet hân:
　　　　　daz ist unväterlich getân.‹
　　　　　　　Er nam si beidiu bî der hant,
　　　　　er sprach: ›sun, nû wis gemant
245　　　daz dû behaltest mêre
　　　　　die jungisten lêre
　　　　　die dir dîn vater tæte.
　　　　　wis getriuwe, wis stæte,
　　　　　wis milte, wis diemüete,
250　　　wis vrävele mit güete,　　　　　80
　　　　　wis dîner zuht wol behuot,
　　　　　den herren starc, den armen guot.
　　　　　die dînen soltû êren,
　　　　　die vremeden zuo dir kêren.
255　　　wis den wîsen gerne bî,
　　　　　vliuch den tumben swâ er sî.
　　　　　vor allen dingen minne got,
　　　　　rihte wol durch sîn gebot.
　　　　　ich bevilhe dir die sêle mîn
260　　　und diz schœne kint, die swester dîn,　　　90
　　　　　daz dû dich wol an ir bewarst
　　　　　und ir bruoderlichen mite varst:
　　　　　sô geschiht iu beiden wol.
　　　　　got dem ich erbarmen sol
265　　　der geruoche iuwer beider phlegen.‹
　　　　　hie mite was ouch im gelegen
　　　　　diu sprâche und des herzen kraft

40 ze *BGJK*] bi *A*, in *E*　　**44** nû *BEGK*] *fehlt A*　　**47** tæte *BEGK*] ræte *A*
50 vrävele *BEGK*] erbære *A*　　**56** *BEGK*] Vlv̂ch dem *A*　　**60** *GK*] Vnnd das
kinth dy sw. d. *E*, Vnd die liebe sw. d. *B*, Dar zv̂ die sw. d. *A*

9

und schiet sich diu geselleschaft,
beidiu sêle unde lîp.
270 hie weinden man unde wîp. 100
ein selhe bivilde er nam,
sô ez landes herren wol gezam.
    Nû daz disiu rîchiu kint
sus beidenthalp verweiset sint,
275 der juncherre sich underwant
sîner swester dâ zehant
und phlac ir so er beste mohte,
als sînen triuwen tohte.
er volzôch ir muote
280 mit lîbe und mit guote, 110
si enwart von im beswæret nie.
er phlac ir sô (ich sage iu wie)
daz er si nihtes entwerte
swes si an in gerte
285 von kleidern und von gemache.
si wâren aller sache
gesellic und gemeine,
si wâren selten eine,
si wonden zallen zîten
290 einander bî sîten 120
(daz gezam vil wol in beiden),
si wâren ungescheiden
ze tische und ouch anderswâ.
ir bette stuonden alsô nâ
295 daz si sich mohten undersehen.
man enmac im anders niht gejehen,
er enphlæge ir alsô wol
als ein getriuwer bruoder sol
sîner lieben swester.
300 noch was diu liebe vester 130
die si im dâ wider truoc.
wünne heten si genuoc.

---

72 herren *BEGK*] *fehlt A* **78** Als *BGJK*] Als ez *A* **82** Er phlac ir *EGK(J)*]
fehlt A; sage iu *EJ*] eẘ sage *G*, nv sage *A*, ir nun sage *K* **88** wâren *BEGJK*]
wrden *A* **93** ouch *BEJK*] *fehlt A* **95** mohten *EGJK(B)*] wol mohten *A*
96 anders niht *BEGK*] niht anders *A* **301** dâ *BEGJK*] hin *A*

10

Dô dise wünne und den gemach
der werlde vîent ersach,
305 der durch hôchvart und durch nît
versigelt in der helle lît,
ir beider êren in verdrôz
(wan si dûhte in alze grôz)
und erzeicte sîn gewonheit:
310 wan im was ie und ist noch leit   140
swâ iemen dehein guot geschiht,
und enhenget sîn niht
swâ erz mac erwenden.
sus gedâhte er si phenden
315 ir vreuden und ir êren,
ob er möhte verkêren
ir vreude ûf ungewinne.
an sîner swester minne
sô riet er im ze verre
320 unz daz der juncherre   150
verkêrte sîne triuwe guot
ûf einen valschen muot.

Daz eine was diu minne
diu im verriet die sinne,
325 daz ander sîner swester schœne,
daz dritte des tiuvels hœne,
daz vierde was sîn kintheit
diu ûf in mit dem tiuvel streit
unz er in dar ûf brâhte
330 daz er benamen gedâhte   160
mit sîner swester slâfen.
wâfen, herre, wâfen
über des hellehundes list,
daz er uns sô geværic ist!
335 war umbe verhenget im des got
daz er sô manigen grôzen spot

4 werlde *BEGJK*] vnræine *A;* ersach *GK*] sach *AEJ*, gesach *B* **10** was ie und
ist noch *K*] waz vnd ist noch *B*, waz ie vnd noch *G*, ye vnnd noch ist *E*, ie waz
vnd ist *J*, ist immer *A*, was ie und noch ist *Paul* **11** dehein *EJ*] *fehlt AB*, ze *K*
26 *BEGJ*] der tievel *AK* **32** *B₁EJK(B₂)*] Waffena h. waffen *A*

vrumet über sîn hantgetât
die er nâch im gebildet hât?
    Dô er durch des tiuvels rât
340 dise grôze missetât   170
sich ze tuonne bewac,
beidiu naht unde tac
wonde er ir vriuntlîcher mite
danne ê wære sîn site.

345 nû was daz einvalte kint
an sô getâner minne blint
und diu reine tumbe
enweste niht dar umbe
wes si sich hüeten solde
350 und hancte im swes er wolde.   180
nû begap si der tiuvel nie
unz sîn wille an in ergie.
    Nû vriste erz unz an eine naht
dô mit slâfe was bedaht
355 diu juncvrouwe dâ si lac.
ir bruoder slâfes niht enphlac:
ûf stuont der unwîse
und sleich vil harte lîse
zuo ir bette dâ er si vant
360 unde huop daz ober gewant   190
ûf mit selhen sinnen
daz si es nie wart innen
unz er dar under zuo ir kam
und si an sînen arm genam.
365 ouwî waz wolde er drunder?
jâ læge er baz besunder.
ez wâren von in beiden
diu kleider gescheiden
unz an daz declachen.
370 dô si begunde wachen,   200

38 er *EJK*] *fehlt A*   **39** durch *EJK*] nah *A*, vnn *(= von ?) B*   **43** ir vriunt-
lîcher *BJK*] vrivntliche *A*, im fruntlichen *E*   **51** si *BEJ*] sich *K*, in *A Neumann*
52 an in] an im *E*, an ir *ABK Paul Neumann, fehlt J*   **53** unz an *BJK*] vnz *A*,
an *E*   **55** D. j. wa si lag *J*, D. j. da si eine lac *B*, D. j. da sy bi im lag *K*, Da d. j.
inne lac *A*, Das d. j. lag *E*   **70** *BEJK*] begvnden *A*

12

dô hete er si umbevangen.
ir munt und ir wangen
vant si sô gelîmet ligen
als dâ der tiuvel wil gesigen.
375   Nû begunde er si triuten
mê danne▪vor den liuten
dâ vor wære sîn site.
hie verstuont si sich mite
daz ez ein ernest solde sîn.
380   si sprach: ›wie nû, bruoder mîn?   210
wes wiltû beginnen?
lâ dich von dînen sinnen
den tiuvel niht bringen.
waz diutet diz ringen?‹
385   si gedâhte: ›swîge ich stille,
so ergât des tiuvels wille
und wirde mînes bruoder brût,
unde wirde ich aber lût,
so habe wir iemer mêre
390   verloren unser êre.‹   220
alsus versûmde si der gedanc,
unz daz er mit ir geranc,
wan er was starc und si ze kranc,
daz erz âne der guoten danc
395   brâhte ûf ein endespil.
dâ was der triuwen alze vil.
dar nâch beleip ez âne braht.
alsus wart si der selben naht
swanger bî ir bruoder.
400   der tiuvelschünde luoder   230
begunde si mêre schünden,
daz in mit den sünden

73 *EK*] si im so gelime *A*, als gelimet *B*, si gelimet *J*   **84** *K*] bedewtet *EGJ*,
dv̂te *A*, meint *B*   **88** *BEJK*] aber ich *A*, es aber *G*   **91** *J*] verschvnde si *A*,
versvinde si *B*, verswuntten in *E*, versumpte sich *KG*   **93** stark … ze krank *K*]
ze starch … ze cranch *A*, starc … kranc *BEG*, gar stark … vil ze krankg *J*
400 *Zwieržina 412*] tûfel schunden lv̂der *K*, t. schanden l. *B*, t. der schanden l.
A, t. schv̂nde sie der l. *G*, t. schurte das l. *E*, t. mit sinem l. *J*, tiuvels schünde l.
Neumann

lieben begunde.
si hâlenz ûf die stunde
405 daz sich diu vrouwe des entstuont,
sô diu wîp vil schiere tuont,
daz si swanger wære.
dô wart ir vreude swære,
wan ezn stiurte si niht ze huote:
410 si schein in unmuote.   240
    In geschach diu geswîche
von grôzer heimlîche:
heten si der entwichen,
sô wæren si unbeswichen.
415 nû sî gewarnet dar an
ein iegelîche man
daz er swester und niftel sî
niht ze heimlîche bî:
ez reizet daz ungevüere
420 daz man wol verswüere.   250
    Alsô der junge
selhe wandelunge
an sîner swester gesach,
er nam si sunder unde sprach:
425 ›vil liebiu swester, sage mir,
dû truobest sô, waz wirret dir?
ich hân an dir genomen war,
dû schînest harte riuwevar.
des was ich an dir ungewon.‹
430 nû begunde si dâ von   260
siuften von herzen.
den angestlîchen smerzen
erzeicte si mit den ougen.
si sprach: ›des ist unlougen,
435 mir engê trûrennes nôt.

5 sich *EGJKL(B)*] si *A*   9 Wan *AEGJK(B)*] *tilgt Wolff, vgl. Jungbluth;* ze
GK(J)] zv der *AE*   17 swester *AK*] swestern *EGJ Paul, fehlt B, vgl. Arnold
1, 311 (I 4, 20)* in sororis cubiculo; und *BGJK*] noh *AE;* niftel *A*] nifteln
B(E) Paul, mǔmeln *G,* mǔmen *J,* frúnden *K*   19 *BEGJ*] vngefüge *K,* vnge-
mV̊te *A*   20 *B₁EJK*] verswere *B₂,* versvchte *A*   21 *EGJK(B)*] Vnde also *A*
24 *BGJ*] besvnder *AEK Paul*   26 *A*] trvrest *BEGJK Paul*

bruoder, ich bin zwir tôt,
an der sêle und an dem lîbe.
ouwê mir armen wîbe,
war zuo wart ich geborn?
440　wande ich hân durch dich verlorn　　　　　270
got und ouch die liute.
daz mein daz wir unz hiute
der werlde haben vor verstoln
daz enwil niht mêre sîn verholn.
445　ich bewar vil wol daz ich ez sage,
aber daz kint daz ich hie trage
daz tuot ez wol den liuten kunt.‹
nû half der bruoder dâ zestunt
trûren sîner swester:
450　sîn jâmer wart noch vester.　　　　　　280
　　An disem ungewinne
erzeicte ouch vrou Minne
ir swære gewonheit:
si machet ie nâch liebe leit.
455　alsam ist in erwallen
daz honec mit der gallen.
er begunde sêre weinen,
daz houbet underleinen
sô riuweclichen mit der hant
460　als dem ze sorgen ist gewant.　　　　　290
ez stuont umbe al sîn êre:
iedoch sô klagete er mêre
sîner swester arbeit
danne sîn selbes leit.
465　　　Diu swester sach ir bruoder an,
si sprach: ›gehabe dich als ein man,
lâ dîn wîplich weinen stân
(ez enmac uns leider niht vervân)
und vint uns etelîchen rât,
470　ob wir durch unser missetât　　　　　300

37 *BDEGJK*] An dem libe vnd an der sele *A*　**45** bewar *BDEG(K)*] bewar ez *A*
52 *BDJK(G)*] Ez erzeigte *A*　**55** *BDEGK*] Also was *A*, Vnd also ist *J; BDGJK*]
gewallen *A*, gevallen *E*　**56** *BDGJK*] zů der *A*, vnnder dy *E*　**60** dem *BDJK*]
dem ez *AG Paul*

15

âne gotes hulde müezen sîn,
daz doch unser kindelîn
mit uns iht verlorn sî,
daz der valle iht werden drî.
475 ouch ist uns ofte vor geseit
daz ein kint niene treit
sînes vater schulde.
ja ensol ez gotes hulde
niht dâ mite hân verlorn,
480 ob wir zer helle sîn geborn,   310
wande ez an unser missetât
deheiner slahte schulde hât.‹
    Nu begunde sîn herze wanken
in manigen gedanken.
485 ein wîle er swîgende saz.
er sprach: ›swester, gehabe dich baz.
ich hân uns vunden einen rât
der uns ze staten gestât
ze verhelne unser schande.
490 ich hân in mînem lande   320
einen harte wîsen man
der uns wol gerâten kan,
den mir mîn vater ouch beschiet
und mir an sîne lêre riet,
495 dô er an sînem tôde lac,
wande er ouch sînes râtes phlac.
den neme wir an unsern rât
(ich weiz wol daz er triuwe hât)
und volge wir sîner lêre:
500 sô gestât unser êre.‹   330
    Diu vrouwe wart des râtes vrô.
ir vreude schuof sich alsô,
als ez ir dô was gewant:
ir enwas kein ganziu vreude erkant.
505 daz ir trûren wære

72 doch *BDEGJK*] ovh *A*   **92** wol *DJ*] vil wol *ABEK*   **94** *BDEJK*] siner *A*
95 tôde *BDEJK*] ende *A*   **501** râtes *DEJK(B)*] harte *A*   **2** sich *DEJ*] niwan
A(B), sich núwen *K*

16

dô si was âne swære,
daz was ir bestiu vreude hie:
daz si niuwan ir weinen lie.
der rât behagete ir harte wol,
510 si sprach: ›der uns dâ râten sol,   340
bruoder, den besende enzît,
wan mîn tac unverre lît.‹
Nû wart er schiere besant:
der bote brâhte in zehant.
515 nû wart er schône emphangen.
besunder wart gegangen
in eine kemenâten,
dâ si in râtes bâten.
alsus sprach der jungelinc:
520 ›ich hân dich umbe swachiu dinc   350
niht dâ her besant.
ich enweiz nû nieman der mîn lant
ze disen zîten bûwe,
dem ich sô wol getrûwe.
525 sît dich got sô gêret hât
(er gap dir triuwe und hôhen rât),
des lâ uns geniezen.
wir wellen dir entsliezen
ein heimlîche sache
530 diu uns nâch ungemache   360
umbe alle unser êre stât,
ez ensî daz uns dîn rât
durch got dâ von gescheide.‹
sus buten si sich beide
535 weinende ûf sînen vuoz.
er sprach: ›herre, dirre gruoz
der diuhte mich ze grôz,
wære ich joch iuwer genôz.

stât ûf, herre, durch got,
540 lât hœren iuwer gebot
daz ich niemer zebrechen wil
und gebet dirre rede ein zil.
saget mir waz iu werre.
ir sît mîn geborner herre:
545 ich râte iu sô ich beste kan,
dâ engezwîvelt niemer an.‹
      Nû tâten si im ir sache kunt.
er half in beiden dâ ze stunt
weinen vor leide
550 (er meinde wol si beide)
und trôste si vil harte wol,
sô man den vriunt nâch leide sol
daz nieman doch erwenden kan.
sus sprach daz kint ze dem wîsen man:
555 ›herre, nu vint uns einen rât
der uns nû aller nâhest gât,
sô uns nû kumet diu zît
daz mîn swester gelît,
wâ si des kindes genese
560 daz ir geburt verswigen wese.
nû gedenke ich, ob ich wone
die wîle mîner swester vone
ûzerhalp dem lande,
daz unser zweier schande
565 sî verswigen deste baz.‹
      Der wîse sprach: ›sô râte ich daz:
die iuwers landes walten,
die jungen zuo den alten,
sult ir ze hove gebieten
570 und die iuwerm vater rieten.
ir sult iuch wider si enbarn
daz ir zehant wellet varn
durch got ze dem heiligen grabe.

40 iuwer *BDEJK*] daz *A*   **42** dirre *DK(J)*] der *AB*, mir der *E*   **54** Sus *BK*]
Sûz *D*, Nv *A*   **55** rât *BDJK*] wisen rat *AE*   **67** landes *BDJK(E)*] rates *A*
70 *J*] iwern *ABDE*

mit bete gewinnet uns abe
575 daz wir der vrouwen hulde swern
(des beginnet sich dâ nieman wern),
daz si des landes müeze phlegen
unz ir belîbet under wegen.
dâ büezet iuwer sünde
580 als iuch des got geschünde.   410
der lîp hât wider in getân:
den lât im ouch ze buoze stân.
und begrîfet iuch dâ der tôt,
sô ist des eides harte nôt
585 daz si unser vrouwe müeze sîn.
bevelhet si ûf die triuwe mîn
vor den herren allen
(daz muoz in wol gevallen,
wande ich der altiste under in
590 und ouch der rîchiste bin):   420
sô nim ich si hin heim ze mir.
selhen gemach schaffe ich ir
daz si daz kint alsô gebirt
daz des nieman innen wirt.
595 got gesende iuch wider, herre,
des getrûwe ich im vil verre.
belîbet ir danne under wegen,
so gevallet iu der gotes segen.
zewâre sô enist niht mîn rât
600 daz si durch dise missetât   430
der werlde iht emphliehe,
des landes sich entziehe.
belîbet si bî dem lande,
ir sünde und ir schande
605 mac si sô baz gebüezen.
si mac den armen grüezen
mit guote und mit muote,
bestât si bî dem guote.

76 dâ *BDEJK*] *fehlt A*   **80** iuch des *BDE*] vch dz *K,* es ivch *A*   **92** *BEJ*] Al
solhen *A,* Ain söllich *K*   **94** des *BEJK*] es *A*   **602** sich *BEJK*] si iht *A*   **3** bî
BEK] mit *A,* in *J*

19

gebristet ir des guotes,
610 so enhât si niht wans muotes: 440
nû waz mac danne ir muot
gevrumen ieman âne guot? 442
waz touc der muot âne guot
oder guot âne muot?
615 ein teil vrumet muot âne guot,
noch bezzer ist guot unde muot. 443
von diu sô dunket mich daz guot,
si behabe guot unde muot: 445
sô mac si mit dem guote 447
620 volziehen dem muote,
sô rihte gote mit muote,
mit lîbe und mit guote. 450
ouch râte ich iu den selben muot.‹
der rât dûhte si beide guot
625 und volgeten alsô drâte
sînem guoten râte.
　　Dô die herren über daz lant
ze hove wurden besant,
dô si vür kâmen
630 und ir herren vernâmen,
sîner bete wart gevolget sâ.
dem alten bevalh er dâ 460
sîne swester bî der hant.
sus gedâhte er rûmen sîn lant.
635 den schaz den in ir vater lie,
der wart mit ir geteilet hie.
　　Sus schieden si sich beide
mit grôzem herzeleide.
enheten si niht gevürhtet got,
640 si heten iemer der werlde spot

11 waz *EJKL*] *fehlt A* 13–15 *(J)*] *fehlt AE Lachmann (in B fehlt 611–26, in L 614.15, in K 614)* 13 touc der] tŭtt der *K,* tovc denne *L,* hilft ir *J* 15 *J*] fröwet *K* 18 *Danach:* Das dem herczen sannffte thutt *E Lachmann* 21 *JKL*] mit dem *A* 22 *JKL*] liebe *A(E)* 23 iu *Zwieržina 412*] ir *AJL,* dir *E,* nun *K* 29 *ABK(L)*] Vnnd das sy fur *E Paul,* Vnd si früntlichen fúr *J* 34 sîn *EJKL*] daz *AB* 35 in ir *EL*] ir *BK Paul,* ŏch ir *J,* sin *A* 38 grôzem *BEJKL*] solhem *A* 39 *BEJKL*] Vnd enheten *A*

20

geduldet vür daz scheiden.
man möhte von in beiden 470
dâ grôzen jâmer hân gesehen.
niemer müeze mir geschehen
645 alsô grôzer ungemach,
als den gelieben geschach,
dô si sich muosen scheiden.
zewâre ez was in beiden
diu vreude alsô tiure
650 sam daz îs in dem viure.
ein getriuwiu wandelunge ergie,
dô si sich muosen scheiden hie: 480
sîn herze volgete ir von dan,
daz ir bestuont bî dem man.
655 durch nôt tet in daz scheiden wê:
si engesâhen ein ander niemer mê.
    Nû vuorte dirre wîse man
sîne juncvrouwen dan
in sîn hûs, dâ ir geschach
660 michel guot und gemach.
nû was sîn hûsvrouwe ein wîp
diu beidiu sinne unde lîp 490
in gotes dienest hâte ergeben:
dehein wîp endorfte bezzer leben.
665 diu half in âne untriuwe steln,
ir vrouwen kumber verheln,
sô wîbes güete gezam,
daz ir geburt sô ende nam
daz der nieman wart gewar.
670 ez was ein sun daz si gebar,
der guote sündære
von dem disiu mære 500
von allerêrste erhaben sint.
ez was ein wünneclîchez kint.
675 ze des kindes gebürte

46 *K*] lieben *A*, lieben do *EL*, beiden da *B*, zwain da *J* **50** in *ABEJK*] *fehlt*
L Wolff **54** *BEJL*] gestvnt *A* **61** sîn *ABEJKL*] diu *Paul* **66** *JKL*] heln
ABE Paul **67** Sô *JK*] So ez *AEL*, Als es *B* **73** *E*] Von erste *A*, Allererst
BJKL

21

was niemen z'antwürte
niuwan dise vrouwen zwô.
der wirt wart dar geladet dô,
und als er daz kint ersach,
680 mit den vrouwen er des jach
daz nie zer werlde kæme
ein kint alsô genæme. 510
Nû wurden si alsô drâte
under in ze râte
685 wie ez verholn möhte sîn.
si sprâchen, diz schœne kindelîn
daz wære schedelich verlorn:
nû wære aber ez geborn
mit alsô grôzen sünden,
690 ez enwolde in got künden,
daz si niene westen
von ræten den besten. 520
an got sazten si den rât,
daz er si aller untât
695 bewarte an disen dingen.
dô muose in wol gelingen,
wan im niemer missegât
der sich ze rehte an in verlât.
Nû kam in vaste in den muot,
700 in enwære niht sô guot
so daz siz versanden ûf den sê.
daz wart niht gevristet mê: 530
der wirt huop sich verstolne
und gewan vil verholne
705 ein väzzelîn vil veste
und hie zuo daz beste
daz deheinez möhte sîn.
dâ wart daz schœne kindelîn
mit manigen trahen in geleit,

81 nie BEKL(J)] er A   86 BEJKL] sprach A; BEK] daz AJL   88 aber ez L]
es aber BJK Paul, aber des E, aber A   92 KL] Von allen ræten A, Vnnd ratten
E, Den keinen rat B   94 ABEKL] missetåt J Paul   97 im BEJKL] in A
706 EK] hie dar zv A, darzvo BL, ŏch darzů J   9 ABEL] mengë K, manigem
(J) Wolff nach Gierach ZfdA 55 (1917) 507, vgl. v. 3503 u. 3625

<pre>
710   under unde über gespreit
      alsô rîchiu sîdîn wât
      daz nieman bezzere hât.   540
      ouch wurden zuo im dar in
      geleit, als ich bewîset bin,
715   zweinzic marke von golde,
      dâ mite man ez solde
      ziehen ob ez ze lande
      got iemer gesande.
         Ein tavel wart getragen dar
720   der vrouwen diu daz kint gebar,
      diu vil guot helfenbein was,
      gezieret wol als ich ez las   550
      von golde und von gesteine,
      daz ich nie deheine
725   alsô guote gewan.
      dâ schreip diu muoter an
      sô si meiste mahte
      von des kindes ahte:
      wan si hâte des gedingen
730   daz ez got solde bringen
      den liuten ze handen
      die got an im erkanden.   560
         Dar an stuont geschriben sô:
      ez wære von gebürte hô,
735   und diu ez gebære
      daz diu sîn base wære,
      sîn vater wære sîn œhein,
      ez wære, ze helne daz mein,
      versendet ûf den sê.
740   dannoch schreip si mê:
      daz manz toufen solde
      und ziehen mit dem golde,   570
      und ob sîn vindære
      alsô kristen wære,
</pre>

21.22 *BEJKL*] 22.21 *A*   **29** des *AJ*] den *Paul*   **31** handen *J*] landen *A*
40 *BK*] D. schr. si jm me *J Paul,* D. schr. sy in mer *E,* D. schr. si dar an me *L,*
Dar an schr. si noh me *A*

23

745 daz er im den schaz mêrte
und ez ouch diu buoch lêrte,
sîn tavel im behielte
und im der schrift wielte,
würde ez iemer ze man,
750 daz er læse daran
alle dise geschiht,
sô überhüebe er sich niht,   580
unde würde er alsô guot
daz er ze gote sînen muot
755 wenden begunde,
sô buozte er zaller stunde
durch sîner triuwen rât
sînes vater missetât,
und daz er ouch der gedæhte
760 diu in zer werlde bræhte:
des wære in beiden nôt
vür den êwigen tôt.   590
im wart dâ niht benant
weder liute noch lant,
765 geburt noch sîn heimuot:
daz was ouch in ze helne guot.
    Dô der brief was gereit,
dô wart diu tavele geleit
zuo im in daz kleine vaz.
770 dô besluzzen si daz
mit selher gewarheit
daz deheiner slahte leit   600
geschæhe dem kinde
von regen noch von winde
775 noch von der ünden vreise
ûf der wazzerreise
ze zwein tagen oder ze drin.
alsus truogen si ez hin
bî der naht zuo dem sê:

46 ez *BJL*] in *AE(K)*   **49** ez *BEJ*] er *AKL*   **51** dise *BEJKL*] die *A*
78 *BEJKL*] getrvgen *A*

24

780   vor dem tage enmohten si ê.
       dâ vunden si eine barke
       ledige unde starke,   610
       dâ leiten si mit jâmer an
       disen kleinen schefman.
785   dô sande im der süeze krist
       der bezzer danne gnædic ist
       den vil rehten wunschwint:
       si stiezen an, hin vlôz daz kint.
            Ir wizzet wol daz ein man
790   der ir iewederz nie gewan,
       reht liep noch grôzez herzeleit,
       dem ist der munt niht sô gereit   620
       rehte ze sprechenne dâ von
       sô dem der ir ist gewon.
795   nû bin ich gescheiden
       dâ zwischen von in beiden,
       wan mir iewederz nie geschach:
       ichn gewan nie liep noch ungemach,
       ich enlebe übele noch wol.
800   dâ von enmac ich als ich sol
       der vrouwen leit entdecken
       noch mit worten errecken,   630
       wan ez wære von ir schaden
       tûsent herze überladen.
805   Der leide wâren driu
       diu diu vrouwe einiu
       gar an ir herzen truoc,
       der iegelîches wære genuoc

80 *E*] mohten si niht e *B*, enmochtent sy nit me *K*, ain lv́zel e *L*, *fehlt A*
83 *BEJL*] leit *A*   **85** im *BEL(K)*] in *AJ*   **88** an *BJL*] ez an *A*, in *E*   **91** *AL*]
nach grossem laid *K*, nach herczen laid *EJ*, noch herzeleit *Paul*   **93** ze sprechen-
ne *LJK*] ensprechen *A*, zu sprechen icht *E*   **802** worten *EJK*] den worten *A*,
rede *L*   **5** leide *ABEJK*] beswerde *L Wolff;* drie *LBJK*, drey all war[s] *E*, vir *A*,
vgl. Arnold 1, 804 (I 15, 35) tripliciter   **6** aine *K*, amelie *J*, gaanie *L*, chanani
B, allein gar *E*, gar an ir *A*   **7** *Leitzmann 6. Aufl. nach Zwieržina 412*] In (An
K) ir h. tr. *K Paul*, In ir (dem *J*) h. eine tr. *BJL*, In den ziten tr. *A*, Mit sennften
in ir h. tr. *E*, Mit siuften an ir h. tr. *Wolff nach Jungbluth, vgl. v. 806, wo ABEL
wohl auf gar einiu zurückgehen*   **8** *EK*] ieglichez *ABL*, an ielichem *J*, ie-
gelîcher *Wolff*

25

vil maniges wîbes herzen.
810 si truoc den einen smerzen
     von dem meine daz si begie
     mit ir bruoder den si lie.   640
     der siechtuom der ander was,
     daz si des kindes genas.
815 daz dritte was diu vorhte
     die ir der jâmer worhte
     nâch ir lieben kinde
     daz si dem wilden winde
     hete bevolhen ûf den sê
820 und enweste niht, wiez im ergê,
     wederz genæse oder læge tôt.
     si was geborn ze grôzer nôt.   650
     noch enwas ez niht gescheiden
     mit disen drin leiden.
825 unmanic tac ende nam
     unz ir bœse mære kam
     und der grœzist ungemach
     der ir zir lebene ie geschach,
     daz ir bruoder wære tôt.
830 der tôt kam im von seneder nôt.
         Dô si von ir bruoder schiet,
     als in der wîse beiden riet,   660
     nu begunde er siechen zehant
     (des twanc in der minne bant)
835 und muose belîben sîner vart
     der er durch got enein wart.
     sîn jâmer wart sô vester
     nâch sîner lieben swester
     daz er ze deheiner stunde
840 sich getrœsten kunde.
     alsus dorrete im der lîp.
     swie si doch jehen daz diu wîp   670

11 dem meine daz *KL*] der einen daz *B*, dem weinen das *E*, dem v̆bel den *J*,
dem daz *A*   15 Daz *BEJKL*] Der *A*   19 ûf den *BJKL*] auff dem *E*, dem *A*
20 im *BEJK*] dem *AL*   22 Si *BEJL*] Ez *A*, Ich *K*   25 tac *EJKL*] tage *A*,
daz *B*   27 der *E*] daz *AJ*   28 Der] Daz *AEJK*; zir *J*] an ir *A*, zu *E*, *fehlt K*
33 zehant *BEJKL*] sa zehant *A*   36 enein *BEJKL*] eineinen *A*

26

sêrer minnen dan die man,
des enist niht, daz schein dar an:
845 wande sîn herzeleit
daz im was vür gespreit,
daz was dâ wider kleine,
niuwan diu minne eine
diu im ein zil des tôdes was:
850 der hete si vieriu und genas.
sus ergreif in diu senede nôt
und lac vor herzeriuwe tôt.   680

Diz mære wart ir kunt getân,
dô si ze kirchen solde gân,
855 rehte dâ vor drîer tage,
nû vuor si hin mit grôzer klage
und begruop ir bruoder und ir man.
dô si daz lant zuo ir gewan
unde daz ze mære erschal
860 in den landen über al,
vil manic rîcher herre
nâhen unde verre   690
die gerten ir ze wîbe.
an gebürte und an lîbe,
865 an der rîcheit und an der jugent,
an der schœne und an der tugent,
an zuht und an güete
und an allem ir gemüete
sô was si guotes mannes wert:
870 doch wurden si alle entwert.

Si hete zuo ir minne erwelt
weizgot einen stæten helt,   700
den aller tiuristen man
der ie mannes namen gewan.
875 vor dem zierte si ir lîp,
als ein minnendez wîp

46 was vür *EJK*] vv̊r was *AB Paul,* fro minne hat fv̊r *L*   **50** vier *J,* fiúrne *K,* viv̊mfe *ABEL, vgl. Dittmann 126–29*   **65** der[1] *AE*] *fehlt BJKL Paul;* der[2] *A*] *fehlt BEJKL Paul*   **66** der[1] *A*] ir *E, fehlt BJKL Paul;* der[2] *AL*] ir *E, fehlt BJK Paul*   **72** stæten *ABEJ*] snellen *L,* starken *(K) Paul Wolff*   **74** mannes namen *Lachmann*] namen *A,* minne *J;* Den zwar ie kain man gewan *K*

27

        ûf einen biderben man sol
        dem si gerne behagete wol.
        swie vastez sî wider dem site
880 daz dehein wîp mannes bite,
        sô lac si im doch allez an,
        sô si des state gewan,   710
        mit dem herzen zaller stunde,
        swie joch mit dem munde:
885 ich meine den gnædigen got.
        sît daz ir des tiuvels spot
        sîne hulde hete entworht,
        daz hete si nû sô sêre ervorht
        daz si vreude und gemach
890 durch sîne hulde versprach,
        sô daz si naht unde tac
        selher unmuoze phlac   720
        diu dem lîbe unsanfte tete.
        beide mit wachen und mit gebete,
895 mit almuosen und mit vasten
        enlie si den lîp nie gerasten.
        diu wâre riuwe was dâ bî,
        diu aller sünden machet vrî.
          Nû was ir ein herre
900 gesezzen unverre,
        des namen ir vil wol gelîch,
        beidiu edel unde rîch: 730
        der leite sînen vlîz dar an
        daz si in næme ze man.
905 und dô er sîn reht getete
        mit boteschefte und mit bete
        als erz versuochen solde
        und si sîn niene wolde,
        nû wânde er si gewinnen sô:
910 mit urliuge und mit drô

78 *L*] behaget *KA Paul*, wil behagen *E*, gevallet *B*, geuiele *J*   **81** *BEJKL*]
fehlt A   **82** des *BEKL*] es *A*, die *J*   **84** Swie joch *B*] Wie doch *K*, Vnd ovch
AJL Paul, Vnnd dar zu *E*   **88** nû *BJKL*] *fehlt A*   **93** tete *BEJKL*] tv̂t *A*
94 wachen *EJ(KL)*] libe *A;* gebete *EJKL*] gebot *A*   **99** ir *BEKL*] *fehlt A*, da *J*

sô bestuont er si zehant
unde wuoste ir daz lant. 740
er gewan ir abe die besten
stete und ir vesten
915 unz er si gar vertreip,
daz ir niht mê beleip
niuwan eine ir houbetstat.
diu was ouch alsô besat
mit tägelîcher huote,
920 ez enwelle got der guote
mit sînen gnâden understân,
si muoz ouch die verlorn hân. 750
Nû lâzen dise rede hie
unde sagen wie ez ergie
925 dirre vrouwen kinde
daz die wilden winde
wurfen swar in got gebôt,
in daz leben ode in den tôt.
unser herre got der guote
930 underwant sich sîn ze huote,
von des genâden Jônas
ouch in dem mere genas, 760
der drîe tage und drîe naht
in dem wâge was bedaht
935 in eines visches wamme:
er was des kindes amme
unz daz erz gesande
wol gesunt ze lande.
In zwein nehten und einem tage
940 kam ez von der ünden slage
ze einem einlande,

912 wuoste *B₂KL*] wuißet *B₁*, verwv̊ste *AE Paul*, zerstort *J*   **14** ir *EKL*] ȍch *J*,
die *A, fehlt B*   **16** niht mê *BJ*] niht *A Paul*, nv niht mere *L*, vil manig icht *E*
17 eine ir] allain ir *J*, allein dy *E*, ain ir bestiv *L*, ein *B(K)*, ir *A, vgl. Arnold
1, 959 (I 17, 35)* una tantum   **24** sagen *BEJ*] sagen iv *A*, sagent nun *K*
32 Ouch in *BK(J)*] Auß in *E*, In *A; dem BEJK*] dem wildem *A*   **34** In *BEJK*]
Mit *A*   **39** und *BEJ*] vnd in *AK Paul*   **41** *Zwieržina 153. 412*] Zvo eime lande
BK Paul, Zü ainem vil *(fehlt E)* gv̊ten land *JE*, Vz hin ze lande *A, vgl. Arnold
2, 19 (II 1, 12)* ad insulam

als ez got dar gesande. 770
ein klôster an dem stade lac,
des ein geistlich abbet phlac.
945 der gebôt zwein vischæren
daz si benamen wæren
vor tage vischen ûf den sê.
dô tet in daz weter wê:
der wint wart alsô grôz
950 daz si kleine noch grôz
mohten gevâhen.
si begunden wider gâhen. 780
in der widerreise
vunden si ûf der vreise
955 sweben des kindes barke.
nû wunderte si vil starke
wie si dar komen wære
alsô liute lære.
si zugen dar zuo sô nâhen
960 daz si dar inne sâhen
ligen daz wênige vaz.
dar ûz huoben si daz 790
und leitenz in daz schef zuo in:
diu barke ran lære hin.
965 Daz wintgestœze wart sô grôz
daz si ûf dem sê verdrôz.
diu state enmohte in niht geschehen
daz si hæten besehen
waz in dem vazze wære.
970 daz was in aber unmære:
wan si hâten des gedâht,
sô siz ze hûse hæten brâht, 800
so besæhen si mit gemache
ir vundene sache.

43 Ein *BEJK*] Da ein *A*   **47** den *EK*] dem *ABJ*   **49** *ABJK Paul*] Der wint
wart also doß *E*, Der wintwarp alsô dôz *Wolff nach Leitzmann*, Der wint wart
alsô ein dôz *Neumann*   **53** In *BEJK*] An *A*   **58** *BK(E)*] Also gar *A*   **59** zuo
sô *EJK*] zv *A*, so *B*   **60** Daz *BEK*] Vntz daz *J*, Do *A*   **73** besæhen *BJK*]
sæhen *A*

30

975 si wurfen drüber ir gewant
und zugen vaste an daz lant.
   Iemitten kurn si den tac.
der abbet der der zelle phlac
gie kurzwîlen zuo dem sê,
980 er alters eine und nieman mê,
und warte der vischære,
welh ir gelücke wære.   810
dô vuoren si enmitten zuo,
des dûhte den abbet alze vruo.
985 er sprach: ›wie istz ergangen?
habet ir iht gevangen?‹
si sprâchen: ›lieber herre,
wir wâren alze verre
gevaren ûf den sê.
990 uns wart von weter nie sô wê:
uns was der tôt vil nâch beschert,
wir haben den lîp vil kûme ernert.‹   820
er sprach: ›nû lât die vische wesen:
got lobe ich daz ir sît genesen
995 und alsô komen an daz stat.‹
der abbet im dô sagen bat,
er sprach, waz ez möhte sîn:
dâ meinde er daz väzzelîn
daz mit dem gewande was gespreit.
1000 diu vrâge was in beiden leit
und sprâchen, wes ein herre
vrâgete alsô verre   830
umbe armer liute sache
in beiden ze ungemache.
1005 dô reichte er dar mit dem stabe,
daz gewant warf er abe
und sach daz wênige vaz.
er sprach: ›wâ nâmet ir daz?‹

77 Iemitten *K*] Hie mit *JBE Paul,* Je sa *A*   81 Und *BJK*] Er *A*   83 enmitten
K] ie mitten *BJ Paul,* dort *A*   89 *ABEK*] den wilden se *CJ Wolff*   93 vische
BCEK] rede *AJ*   95 Und also *BCEK*] Vnd also si *A,* Do si *(Versfolge 996.95) J*
1001 Und *BCEJK*] Si *A*

nû gedâhten si maniger lügen,
1010 wie si den abbet betrügen,
und wolden imz entsaget hân
und hæten daz ouch wol getân,   840
wan daz ers wart innen
von unsers herren minnen:
1015 Dô er die vrâge wolde lân
und wider in sîn klôster gân,
dô erweinde daz kint vil lûte
und kunte dem gotes trûte
daz ez dâ wære.
1020 dô sprach der gewære:
›hie ist ein kint inne.
saget mir in der minne,   850
wâ habet irz genomen?
wie ist ez iu zuo komen?
1025 daz wil ich wizzen, crêde mich.‹
dô bedâhten si sich
und sageten im als ich iu ê,
wie si ez vunden ûf dem sê.
nû hiez erz heben ûf den sant
1030 unde lœsen abe diu bant.
dô sach er ligen dar inne
seltsæne gewinne,   860
ein kint, daz im sîn herze jach
daz er sô schœnez nie gesach.
1035 Der ellende weise,
wande er deheine vreise
gevürhten niene kunde,
mit einem süezen munde
sô lachete er den abbet an.
1040 und alsô der gelêrte man
an sîner tavele gelas
wie daz kint geborn was,   870
[daz manz noch toufen solde

12 daz ouch *CE*] ovch daz *A*, ez ŏch *J*, ’s ovch vil *B*, och des vil *K*   19 dâ
ABK] da inne *CE Paul*, in dem vǎssli *J*   23 irz *BCEJK*] ez *A*   43.44 *A*] *fehlt*
BCEJK, vgl. Arnold 2, 137–45 (II 3, 65–73) quod nasciturus denuo sit babtismi
remedio ... quod ... sit ... pascendus auri precio

und ziehen mit dem golde,]
1045 daz kunde er wol verswîgen.
ze gote begunde er nîgen,
ze himele huop er tougen
die hende und diu ougen
und lobete got des vundes
1050 und des kindes gesundes.
　　Daz kindelîn si vunden
mit phelle bewunden,　　　　　　　　　　　880
geworht ze Alexandrîe.
nû westenz dise drîe:
1055 ez enwart ouch vürbaz niht gespreit.
ouch saget uns diu wârheit
von den vischæren
daz si gebruoder wæren.
die muosen im beide
1060 mit triuwen und mit eide
vil wol bestæten daz,
si ensagetenz niemer vürbaz.　　　　　　890
　　Die bruoder wâren ungelîch,
der eine was arm, der ander rîch.
1065 der arme bî dem klôster saz,
der rîche wol hin dan baz
wol über einer mîle zil.
der arme hete kinde vil;
der rîche nie dehein kint gewan,
1070 niuwan ein tohter, diu hete man.
nû wart der abbet enein
vil guoter vuoge mit den zwein,　　　　900
daz sich der ermere man
næme daz kint an
1075 und ez dâ nâhen bî im züge
und den liuten alsus lüge,
swer in ze deheiner stunde

52 *BCEJ*] geⱳnden *AK*　　**54** dise *CK*] die *ABJ, fehlt E, vgl. Arnold 2, 155
(II 3, 83)* tres hi viri　　**55** ouch *CJK(B)*] *fehlt AE; BJK*] bespreit *C,* geprayt *E,*
geseit *A*　　**56** *A*] Auch saget man des dy *EJK Paul,* Ouch sagte man die *C,* Men
saget vch die *B*　　**64** was *CEJK*] ist *B, fehlt A*　　**73** ermere *CEK*] arm *ABJ*
75 ez dâ *BEJK*] dc da *C,* daz *A*

vrâgen begunde
wâ er daz kint hete genomen,
1080   daz ez im wære komen
von sînes bruoder tohter
(deheinen list enmohter   910
erdenken sô gevüegen)
unde daz si ez trüegen,
1085   sô si wol enbizzen sît
unz nâch der messezît,
und man den abbet bæte
daz er sô wol tæte
und daz kint selbe toufte
1090   und dâ mite koufte
got und ir dienesthaften muot.
der rât was gevüege und guot.   920
Nû nam der abbet dâ den rât,
daz golt und die sîdîne wât,
1095   und gap dem armen dô zehant
der sich des kindes underwant
zwô marke von golde
dâ mite erz ziehen solde,
dem andern eine marke
1100   daz erz hæle starke.
daz ander truoc er von dan,
der vil sælige man.   930
vil wol gehielt er im daz,
dêswâr er enmöhte baz,
1105   wande erz ze gewinne kêrte
unz er imz wol gemêrte.
Der arme vischære niht enliez
er entæte als in sîn herre hiez.
dô im der mitte tac kam,
1110   daz kint er an den arm nam:

85 enbizzen *C*] gebiten *ABK Paul, vgl. Arnold 2, 196 (II 4, 31)* facto prandio
86 *BE*] Vntz ze nach *K*, Vnd nah *A*, Nach *J*, Hin gein *C*   **91** ir *BEJK*] *fehlt*
AC   **93** Nû *BCJK*] Do *A*, ⟨S⟩vnst *E*   **94** Daz *ABCEJK*] *tilgt Wolff nach*
Bartsch Germ. 19 (1874) 234 u. Leitzmann   **98** Dâ mite *CEK*] Daz *ABJ*
1107 niht *BEJK*] des niht *A*   **9** mitte tac *BJK*] mittag *CE*, mittertage *A*

sîn wîp gie im allez mite
nâch gebiurlîchem site   940
ze klôster, dâ er den abbet sach
under sînen bruodern. er sprach:
1115 ›herre, iu sendet diz kint,
liute die iu willic sint,
mîns bruoder tohter und ir man,
und geloubent starke dar an,
ob ir ez selbe toufet,
1120 dem kinde sî gekoufet
dâ mite ein sæligez leben,
und geruochet im iuwern namen geben.‹   950
    Diu bete was der münche spot.
si sprâchen: ›seht (sô helfe iu got)
1125 ze disem gebiurischen man,
wie wol er sîne rede kan.‹
der herre emphie die rede wol
als der diemüete sol.
und als er daz kint ersach,
1130 vor sîner bruoderschaft er sprach:
›ez ist ein sô schœne kint:
sît si des gotes hûses sint,   960
dêswâr wir suln inz niht versagen.‹
daz kint hiez er ze toufe tragen.
1135 er huop ez selbe und hiez ez sus
nâch sînem namen, Grêgôrius.
    Dô daz kint die toufe emphie,
der abbet sprach: ›sît ich nû hie
sîn geistlich vater worden bin,
1140 durch mînes heiles gewin
sô wil ich ez iemer hân
(ez ist sô sæliclich getân)   970
vil gerne an mînes kindes stat.‹

12 gebúrlichem K, gebvrlichen B, gebvrtlichem A Jungbluth, gebúrschem J,
brûderlichem C, gegenmarcklichen E   15 sendet BCE] sendent AJK
22 CEJK] rv̊chet A, svnt B   25 CJK] bv̊rischem AE, gebvrsam B   29 EJ]
Alz er d. k. rehte ersach BK(C), Als er d. k. ersach Paul, Do er daz chindelin
gesach A   30 BEJK] iach A   33 inz CJ] imz A, es in E, in K, sin B   41 ich
ez BCEK] ez ich A, ich J

35

vil minneclichen er dô bat
1145   den sînen vischære
daz er sîn vlîzic wære.
er sprach: ›nû ziuch mirz schône,
daz ich dirs iemer lône.‹
daz kint hulfen starke
1150   die sîne zwô marke,
daz man sîn deste baz phlac:
ouch lie der herre unmanigen tac   980
er enwolde selbe spehen
wie daz kint wære besehen.

1155   Dô der vischære und sîn wîp
über des süezen kindes lîp
sô rehte vlîzic wâren
unz ze sehs jâren,
der abbet nam ez dô von in
1160   zuo im in daz klôster hin
und kleidetez mit selher wât
diu phäflîchen stât   990
und hiez ez diu buoch lêren.
swaz ze triuwen und ze êren
1165   und ze vrümikeit gezôch,
wie lützel ez dâ von vlôch!
wie gerne ez âne slege mit bete
sînes meisters willen tete!
ez enlie sich niht beträgen
1170   ez enwolde dingelîches vrâgen
diu guot ze wizzenne sint
als ein sæligez kint.   1000

      Diu kint diu vor drin jâren
zuo gesetzet wâren,
1175   mit kunst ez diu sô schiere ervuor
daz der meister selbe swuor,
er gesæhe von aller hande tugent
nie sô sinnerîche jugent.
er was (dâ enliuge ich iu niht an)
1180   der jâre ein kint, der witze ein man.

63 ez *BK*] jnn *J, fehlt AE*   71 *BCEJK*] ze willen *A*

An sîm einleften jâre
dô enwas zewâre   1010
dehein bezzer grammaticus
danne daz kint Grêgôrius.
1185   dar nâch in den jâren drin
dô gebezzerte sich sîn sin
alsô daz im dîvînitas
gar durchliuhtet was:
diu kunst ist von der goteheit.
1190   swaz im vür wart geleit
daz lîp und sêle vrumende ist,
des ergreif er ie den houbetlist.   1020
dar nâch las er von lêgibus
und daz kint wart alsus
1195   in dem selben liste
ein edel lêgiste:
diu kunst sprichet von der ê.
er hete noch gelernet mê,
wan daz er wart geirret dran,
1200   als ich iu wol gesagen kan.
Ez leit der vischære
von armuot grôze swære.   1030
sîne huobe lâgen ûf dem sê:
des wart sînem lîbe dicke wê,
1205   wande er sich alsus nerte,
sîniu kint erwerte
dem bittern hunger alle tage
niuwan mit sînem bejage,
ê er daz kint vunde.
1210   ouch wart dâ zestunde
wol gesenftet sîn leben:
dô im wurden gegeben   1040
von golde zwô marke,
dô bezzerten sich starke
1215   alle sîne sache
an getregede und an gemache.

92 *BCJK*] besten list *AE Paul*   1205 alsus *CEJK*] diche *A, fehlt B*   9 Ê *CBK*]
E danne *A,* Ee das *EJ*   16 getregede *EJ(K)*] gereite *ABC Paul*

Nu enlie sîn ungewizzen wîp
nie geruowen sînen lîp
von tägelîcher vrâge.
1220   si sazte im manige lâge:
ir liste kêrte si dar zuo   1050
beidiu spâte unde vruo   1049
wie si daz vernæme
von wanne daz golt kæme.
1225   vil manigen eit si im swuor
unz daz si an im ervuor
von wanne im daz golt was komen,
als ir ê wol habet vernomen.
dô daz wîp wol bevant
1230   daz ez nieman was erkant
wer Grêgôrius wære,
nû enbrâhte siz niht ze mære.   1060
si truoc ez schône, daz ist wâr,
unz an sîn vünfzehende jâr.
1235   Nû hete diu vrouwe Sælikeit
allen wîs an in geleit
ir vil stætigez marc.
er was schœne unde starc,
er was getriuwe unde guot
1240   und hete geduldigen muot.
er hete künste gnuoge,
zuht unde vuoge.   1070
er hete unredelîchen zorn
mit senftem muote verkorn.
1245   alle tage er vriunt gewan
und verlôs dar under nieman.
sîne vreude und sîn klagen
kunde er ze rehter mâze tragen.
lêre was er undertân

___

18 sînen *BCE*] ir *AJK*   **21.22** *BCEK(J)*] Beidiv spate vnd vr꙯ Mit ir listen dar
z꙯ *A Lachmann*   **24** golt *BCEJ*] chint *AK, vgl. Arnold 2, 373 (II 8, 28)* aurum
28 *K*] irz wol hant *B*, ir wol habt *E*, ir e habt *CJ*, er wol het *A*   **33** Si *BCJK*]
Vnd *A*   **38** unde *BCEJK*] er was *A*   **40** *BCEJK*] gedvltichlichen *A*
42 *BCJK*] gef꙯ge *AE*

38

1250 und milte des er mohte hân,
genendic swâ er solde,
ein zage swâ er wolde,   1080
den kinden ze mâze
ûf der wîsen strâze.
1255 sîn wort gewan nie widerwanc.
ern tete niht âne vürgedanc,
als im diu wîsheit gebôt:
des enwart er nie schamerôt
von deheiner sîner getât.
1260 er suochte gnâde unde rât
zallen zîten an got
und behielt starke sîn gebot.   1090
    Got erloubte dem Wunsche über in
daz er lîp unde sin
1265 meisterte nâch sîm werde.
swâ von ouch ûf der erde
dehein man ze lobenne geschiht,
des engebrast an im niht.
der Wunsch hete in gemeistert sô
1270 daz er sîn was ze kinde vrô,
wande er nihtes an im vergaz:
er hete in geschaffet, kunde er, baz.   1100
die liute dem knappen jâhen,
alle die in gesâhen,
1275 daz von vischære
nie geborn wære
dehein jungelinc sô sælden rîch:
ez wære harte schedelîch
daz man in niht mähte
1280 geprîsen von geslähte,
und jâhen des ze stæte,
ob erz an gebürte hæte   1110
sô wære wol ein rîche lant
ze sîner vrümikeit bewant.

53.54 K(BEJ)] fehlt AC   **53** Den kinden EJK] Daz kvnde er B   **54** wîsen K]
witen JE, wider B   **68** an im BK] ouch an im C, an im auch E, im A, im ouch
J Wolff   **82** erz an g. BC] erz an der g. A, ers von g. J, ers g. K, er gepurd E

39

1285   Nû geviel ez eines tages sus
daz der knappe Grêgôrius
mit sînen spilgenôzen kam
dâ si spilnes gezam.
nu gevuocte ein wunderlich geschiht
1290 (ez enkam von sînem willen niht):
er tet (daz geschach im nie mê)
des vischæres kinde alsô wê   1120
daz ez weinen began.
sus lief ez schrîende dan.
1295 als daz diu muoter vernam
daz ez sus weinende kam,
ir kinde si engegen lief.
in grôzen unsiten si rief:
›sich, wie weinestû sus?‹
1300 ›dâ sluoc mich Grêgôrius.‹
›war umbe hât er dich geslagen?‹
›muoter, ich kan dirs niht gesagen.‹   1130
›sich her, tæte dû im iht?‹
›muoter, weizgot nein ich niht.‹
1305 ›wâ ist er nû?‹ ›bî jenem sê.‹
›wê mir armer, wê!
er tumber gouch vil betrogen!
hân ich daz an im erzogen
daz er mir bliuwet mîniu kint,
1310 sô wol gevriunt sô si hie sint?
dînen vriunden zimet daz niht wol
daz ich diz laster dulden sol   1140
von einem sô gewanten man
der nie mâge hie gewan.

89 gevuogte *Wolff*] gefͦgte sich *AK Paul*, vͦgte sich *CB*, fuegte *E*, beschach *J*
91 tet *BCEJ*] getet *AK Paul;* daz g. im nie me *B*] d. g. im och nie me *K*, das es g.
im aine *E*, d. beschach nit we *J*, *fast unleserlich A, ich lese* dar *(oder* daz *?)*
ge⟨s⟩chah im da von *(oder* vor *?)* nie, *anders Neumann*   **92** we *BCEJK*] wie *A*
95 daz d. m. *CE*] es d. m. *B*, diss d. m. *K*, div m. daz *A*, sin m. daz *J*
97 engegen *BCEJK*] gegen *A*   **1305** Wâ *JK(E)*] War *A*   **6** *Zwieržina 413*] We
mir armen wibe we *BCK Paul*, Wee mir vil armen weyb (: leib) *E*, We mir
armen we mir we *J*, Si sprach we mir armer we *A Wolff*   **9** *CBJ*] min *AEK*
10 wol g. sô si hie *CJ*] wol g. so si *K*, wol si hie g. *A*, wol si g. *B*, wol hy g. *E*
13 sô gewanten *EJ(C)*] solichen *BK*, al solhen *A*

1315 daz dich tar gebliuwen der
der sich hât verrunnen her,
daz ist mir iemer ein leit.
wan daz man imz durch got vertreit,
man dulte ez unlange vrist.
1320 jâ enweiz nieman wer er ist.
[und ist daz ich nû leben sol,
ich sagez al der werlde wol   1150
daz er ein vuntkint ist
(sô helfe mir der heilige Krist),
1325 swie hôhe er nu sî gesezzen.
des hât er gar vergezzen
daz er sô jæmerlich wart vunden
in ein vaz gebunden
in einer barke ûf dem sê.
1330 sol er mînem kinde tuon wê,
man duldetz unlange vrist.
ja enweiz hie nieman wer er ist.]   1160
wê mir, wes ist im gedâht?
der tiuvel hât in her brâht
1335 mir ze einer harnschar.
ja erkenne ich sîn geverte gar,
er vundene dürftige.
wan wolde er daz man verswige
sîn schentlîche sache?
1340 sô lebete er mit gemache.
die vische sîn verwâzen,
daz si in niene vrâzen   1170
do er ûf den sê geworfen wart.
er ergreif ein sælige vart,
1345 daz er dem apte zuo kam.
wan daz er in dînem vater nam
und sîn almuosenære ist,

---

15 *J*] getar *AB;* Dz dich der geblúwen dar (: har) *K*, Das dich der gepewlen
der *E*   **17** ein *JK*] *fehlt ABE*   **19** *EK*] dv̂ltez vil *A Paul*, lidet ez *B*, litt ez
anders *J*   **20** nieman *EK*] hie nieman *ABJ*   **21-32** *E*] *fehlt ABJK (und
Arnold)*   **28** eynem *E*   **34** *BEJK*] daher *A*   **37** *B*] fundener *E*, fv̂ndere *A*,
armer *K*   **40** lebt er *A*, lebet er *E*, lebete *B*, lebeter *K*   **42** niene in *A*, in niht
BJK

sô müese er uns, wizze Krist,
anders undertænic sîn:
1350 er müese uns rinder unde swîn
trîben ûz unde in.
war tet dîn vater sînen sin,   1180
do er in mit vrostiger hant
ûf dem gemeinen sê vant,
1355 daz er in dem apte liez
und in im selben niene hiez
dienen sam durch allez reht
tæte sîn schalc und sîn kneht?‹
    Grêgôrius, dô er daz kint gesluoc,
1360 dar umbe was er trûric gnuoc
und lief im ze hûse nâch.
dar umbe was im alsô gâch   1190
daz er des sêre vorhte
daz im daz kint entworhte
1365 sîner ammen minne.
nu erhôrte er si dar inne
schelten âne mâze.
nu gestuont er an der strâze
unz er den itewîz vernam
1370 und unverwister dinge kam
gar an ein ende,
daz er ellende   1200
wære in dem lande,
wan si in ofte nande.
1375 sîn vreude wart verborgen
in disen niuwen sorgen
er gedâhte im grôzer swære,
ob disiu rede wære
ein lüge oder ein wârheit,
1380 die sîn amme hete geseit,
unde gâhte dô zehant
ze klôster, dâ er den abbet vant,   1210

---

59 *BEJK*] Do gr. daz *A*   **60** trûric *BEJK*] riwec *A Neumann*   **61** ze *BEJK*]
hin ze *A*   **70** *Paul Gr. Ausg.*] vnuerwitzter *E,* vnwissender *J Neumann,* vñ der
wiser *K,* vnwiser *AB*   **77** im *E*] in *JK, fehlt AB*

42

und nam den getriuwen man
von den liuten sunder hin dan.
1385 Er sprach: ›vil lieber herre,
ich enkan iu niht sô verre
gedanken mit dem munde,
als, ob ich kunde,
vil gerne tæte.
1390 nu belîbe ich dar an stæte
daz ich unz an mîns tôdes zil
den dar umbe biten wil   1220
der deheiner guottât
niemer ungelônet lât
1395 daz er iu des lône
mit der himelischen krône
(dêswâr des hân ich michel reht)
daz ir mich ellenden kneht
von einem vunden kinde
1400 vür allez iuwer gesinde
sô zartlichen habet erzogen.
leider ich bin des betrogen,   1230
ich enbin niht der ich wânde sîn.
nû sult ir, lieber herre mîn,
1405 mir durch got gebieten.
ich sol und muoz mich nieten
nôt und angest (daz ist reht)
als ein ellender kneht.
mir hât mîn amme des verjehen
1410 (in einem zorne ist daz geschehen)
daz ich ein vunden bin.
beidiu lîp unde sin   1240
benimet mir diu unêre,
vernim ichs iemer mêre.
1415 ich enhœre si weizgot niemer mê,
wande ich niht langer hie bestê.

---

84 hin *AE*] *fehlt BJK Wolff*   **85** vil *J*] min vil *A(E) Paul, fehlt BK*
87 Gedanken *BEJK*] Gnaden *A Paul* **91** tôdes zil *BEJ*] endes zil *A Wolff*,
todes endezil *K* **1411** ein vunden *B*] funden *EJ Paul Wolff*, ein fṽntchint *A*,
ain wundˢen *K* **14** ’s] si *EK*, ez *A*, es *B* **15** niemer *BEK*] niht *A*

jâ vinde ich eteswâ daz lant
daz dâ niemen ist erkant
wie ich her komen bin.
1420 ich hân die kunst und ouch den sin,
ich genise wol, und wil ez got.
sô sêre vürhte ich den spot: 1250
ich wolde ê sîn dâ nieman ist,
ê daz ich über dise vrist
1425 belibe hie ze lande.
jâ vertrîbet mich diu schande.
diu wîp sint sô unverdaget:
sît si ez eines hât gesaget,
sô wizzen ez vil schiere
1430 drîe unde viere
und dar nâch alle die hie sint.‹
    Der abbet sprach: ›vil liebez kint,   1260
nû lose: ich wil dir râten wol
als ich mînem lieben sol
1435 den ich von kinde gezogen hân.
got hât vil wol ze dir getân:
er hât von sînen minnen
an lîbe und an sinnen
dir vil vrîe wal gegeben,
1440 daz dû nû selbe dîn leben
maht schephen unde kêren
ze schanden oder ze êren.   1270
nû muostû disen selben strît
in disen jâren, ze dirre zît
1445 under disen beiden
nâch dîner kür scheiden,
swaz dû dir wilt erwerben,
genesen oder verderben,

---

19 Wie *BEGK*] Swie *A*   20 kunst *BEK*] chvnste *A*, chůnst *G*   23 Ich wolde ê
GJK] E wolte ich *BE*, Ich wolde *A*   24 über *AJ*] fúr *BEGK Paul*   28 eines *E*]
eime *B*, aine *JKG*, iemen *A*   33 lose *BJK*] hore *A*, hor mich *E*   34 lieben
EGK(J)] svne *B*, lieben chinde *A*   37.38 *BEK(GJ)*] Der an libe vnd an sinnen
Hat von sinen minnen *A*   41 Maht schephen *GJK*] Maht chavfen *A*, Ziehen
mochst *E*   43 selben *BEGJK*] *fehlt A*   48 verderben *EGJ*] sterben *AB*,
sterben oder verderben *K*

daz dû des nû beginnen solt.
1450 sun, nû wis dir selben holt
und volge mîner lêre
(sô hâstû tugent und êre   1280
vür laster und vür spot erkorn),
daz dir durch dînen tumben zorn
1455 der werke iht werde sô gâch
daz dich geriuwe dar nâch.
dû bist ein sælic jungelinc:
ze wunsche stânt dir dîniu dinc,
dîn begin ist harte guot,
1460 die liute tragent dir holden muot
die in disen landen sint.
nû volge mir, mîn liebez kint.   1290
dû bist der phafheit gewon:
nû enziuch dich niht dâ von.
1465 dû wirst der buoche wîse:
sô bin ich jâre grîse,
mîn lîp ist schiere gelegen.
nû wil ich dir vür wâr verphlegen
daz ich dir nû erwirbe,
1470 swenne ich dar nâch erstirbe,
umbe unser samenunge,
alte und junge,   1300
daz si dich nement ze herren.
nû waz mac dir gewerren
1475 einer tœrinne klaffen?
ouch trûwe ich wol geschaffen
daz diu rede vür dise stunt
niemer kumet vür ir munt.‹
       Grêgôrius sprach: ›herre,
1480 ir habet got vil verre
an mir armen gêret
und iuwer heil gemêret   1310
und nû daz beste vür geleit.

---

52 *BEG*] tvgende *AK*, trúw *J*   56 dich *EGK*] ez dich niht *AJ*, dich es iht *B*, ez
dich *Paul*   66 *GK*] der iare *BE(J) Paul;* Vor alter bin ich grise *A*   68 *EJK*]
pflegen *A*, iehen *B*, segen *J*   69.70 erwirbe : erstirbe *BK(GJ)*] erwrbe :
erstvrbe *A(E)*   76 Ouch trûwe ich *BEJK*] Ich trawe auch *G*, Ich chan daz *A*

nû ist mir mîn tumpheit
1485 alsô sêre erbolgen,
si enlât mich iu niht volgen.
mich vertrîbent drîe sache
ze mînem ungemache
ûzer disem lande.
1490 daz ein ist diu schande
die ich von itewîze hân.
sô ist diu ander sô getân   1320
diu mich ouch verjaget hin:
ich weiz nû daz ich niene bin
1495 disses vischæres kint.
nû waz ob mîne vordern sint
von selhem geslähte
daz ich wol werden mähte
ritter, ob ich hæte
1500 den willen und daz geræte?
weizgot nû was ie mîn muot,
hæte ich geburt und daz guot,   1330
ich würde gerne ritter.
daz süeze honec ist bitter
1505 einem ieglîchen man
der ez niezen niene kan.
ir habet daz süeziste leben
daz got der werlde hât gegeben:
swer imz ze rehte hât erkorn,
1510 der ist sælic geborn.
ich belibe hie lîhte stæte,
ob ich den willen hæte   1340
des ich leider niht enhân.
ze ritterschefte stât mîn wân.‹
1515   ›Sun, dîn rede enist niht guot:
durch got bekêre dînen muot.

---

87 *BEGJK*] tribent *A*   89 *GJK*] Vz *AB*, Hie auß *E*   90 *BEGK(J)*] Div eine *A*
92 *BEGK(J)*] Div ander ist also g. *A*   96 waz *BGK*] wais ich *J*, war *verbessert
zu* waez *oder* waz *? A;* vordern *BEGJK*] vriunt *A*   1501 *BEGJ(K)*] Ez was ie
min wille vnd min mͧt *A*   2 *BEJ*] die geburt *KAG Paul*   6 *Lachmann*]
geniezzen *GEJ Paul*, enbizen *BK*, wizen *A*   12 den *BEGJK*] des *A; nach 1512
noch einmal* Des ich des willen hæte *A*

swer sich von phaffen bilde
gote machet wilde
unde ritterschaft begât,
1520 der muoz mit maniger missetât
verwürken sêle unde lîp.
swelh man oder wîp   1350
sich von gote wendet,
der wirt dâ von geschendet
1525 und der helle verselt.
sun, ich hete dich erwelt
ze einem gotes kinde:
ob ich ez an dir vinde,
des wil ich iemer wesen vrô.‹
1530   Grêgôrius antwurte im dô:
›ritterschaft daz ist ein leben,
der im die mâze kan gegeben,   1360
sô enmac nieman baz genesen.
er mac gotes ritter gerner wesen
1535 danne ein betrogen klôsterman.‹
›sun, nû vürhte ich dîn dar an:
du enkanst ze ritterschefte niht.
sô man dich danne gesiht
unbehendiclichen rîten,
1540 sô muostû ze allen zîten
dulden ander ritter spot.
noch erwint, vil lieber sun, durch got.‹   1370
›herre, ich bin ein junger man
und lerne des ich niht enkan.
1545 swar ich die sinne wenden wil,
des gelerne ich schiere vil.‹
›sun, mir saget vil maniges munt
dem ze ritterschaft ist kunt:
swer ze schuole belîbe
1550 unz er dâ vertrîbe
ungeriten zwelf jâr,

---

18 *BEGJK*] gemachet *A*   **23** *BEGJK*] gewendet *A*   **28** ich *BEJK*] *fehlt A*
46 *BEGK(J)*] Des dvnchet mich ich gelernes vil *A*   **47** *AB*] maniger
EJK(G) Paul   **49** ze *ABJ*] da ze *KEG Paul*   **50** Unz *ABEGJK*] Und *Paul*

der müeze iemer vür wâr
gebâren nâch den phaffen.
dû bist vil wol geschaffen
1555 ze einem gotes kinde
und ze kôrgesinde:
diu kutte gestuont nie manne baz.‹
›Herre, nû versuochet ouch daz
und gebet mir ritterlîche wât:
1560 dêswâr ob si mir missestât,
sô gan ich ir wol eim andern man
und lege die kutten wider an.   1390
herre, iu ist vil wâr geseit:
ez bedarf vil wol gewonheit,
1565 swer guot ritter wesen sol.
ouch hân ich ez gelernet wol
von kinde in mînem muote hie:
ez enkam ûz mînem sinne nie.
ich sage iu, sît der stunde
1570 daz ich bedenken kunde
beidiu übel unde guot,
sô stuont ze ritterschaft mîn muot.   1400
ich enwart nie mit gedanke
ein Beier noch ein Vranke:
1575 swelh ritter ze Henegouwe,
ze Brâbant und ze Haspengouwe
ze orse ie aller beste gesaz,
sô kan ichz mit gedanken baz.
herre, swaz ich der buoche kan,
1580 dâ engerou mich nie niht an
und kunde ir gerne mêre:
iedoch sô man mich sêre   1410
ie unz her ze den buochen twanc,
sô turnierte mîn gedanc.
1585 sô man mich buoche wente,

---

58 ouch *GK*] euch *E, fehlt ABJ*   64 gewonheit *ABEJ*] gewissenhaitt *K Wolff*,
behendichait *G*   75 *E*] Eingŏwe *A*, Hegowe *B*, Hagenowe *K*, Hagenaig *jm
land* (: Praband) *J*   84 *B(E)*] turferte *K*, troverte ie *A*, stŭrmit *G*, durchniete *J*,
lies trevierte *?*   85 *GJ*] ze den bvchen *A*, ze bŭchen *KB Neumann*, der pucher
E, der buoche *Paul*

         wie sich mîn herze sente
         und mîn gedanc spilte
         gegen einem schilte!
         ouch was mir ie vil ger
1590   vür den griffel zuo dem sper,
         vür die veder ze dem swerte:
         daz ist des ich ie gerte.   1420
         mînen gedanken wart nie baz
         dan sô ich ze orse gesaz
1595   und den schilt ze halse genam
         und daz sper als ez gezam
         und daz undern arm gesluoc
         und mich daz ors von sprunge truoc.
         sô liez ich die schenkel vliegen:
1600   die kunde ich sô gebiegen
         daz ich daz ors mit sporn sluoc
         weder zen lanken noch in den buoc,   1430
         dâ hinder eines vingers breit
         dâ der surzengel ist geleit.
1605   neben der mane vlugen diu bein,
         ob des sateles ich schein
         als ich wære gemâlet dar,
         ders möhte hân genomen war.
         mit guoter gehabe ich reit
1610   âne des lîbes arbeit:
         ich gap im sô senften gelimph
         als ez wære mîn schimph,   1440
         und sô ich mich mit sporen vleiz
         ûf ein langez puneiz,
1615   sô kunde ich wol gewenden
         daz ors ze beiden henden.

89 ie EGJ] ê A, fehlt BK   92 J] Daz ist daz BEK, Des selben A   95 G] nam
BJK(E), gewan A   96 als ez gezam A] alzam B, ze hant alsam GE Paul, ze
hals alsam J, ze hand also nun kam K   98 sprvngen A, sprûnge G, sporn
BEJK   99 die ABJK] fehlt E Wolff   1604 Lachmann] der sûrzûgel (oder
fúrzúgel ?) KE, der sûrzmagel J, der vbergvrte A, die gille B   11 sô AEJ(KB)]
tilgt Paul Wolff   13 sporen BJK(E)] dem sper A, fehlt G   14 ABK] eynen
lanngen EGJ Paul Wolff, seit ›Iwein‹ allgemein masc., aber hier und v. 2118 Erst-
belege   16 ze BEGJK] mit A

                                                                   49

gejustierte ich ie wider keinen man,
dâ gevâlte ich nie an,
mîn merken würde wol bewant
1620 ze den vier nageln gegen der hant.
nû helfet, lieber herre, mir
daz diu ritterlîche gir   1450
mit werken müeze volgân:
sô habet ir wol ze mir getân.‹
1625 ›Sun, dû hâst mir vil geseit,
manic tiutsch wort vür geleit,
daz mich vil sêre umbe dich
wundern muoz, crêde mich,
und weiz niht war zuo daz sol:
1630 ich vernæme kriechisch als wol.
unser meister, der dîn phlac
mit lêre unz an disen tac,   1460
von dem hâstû ir niht vernomen.
von swannen si dir zuo sîn komen,
1635 dû bist, daz merke ich wol dar an,
des muotes niht ein klôsterman.
nû wil ich dichs niht wenden mê.
got gebe daz ez dir wol ergê
und gebe dir durch sîne kraft
1640 heil ze dîner ritterschaft.‹
Nû schuof er daz man im sneit
von dem selben phelle kleit   1470
den er dâ bî im vant:
ez enkam nie bezzer in daz lant.
1645 er sach wol daz im was gâch
unde machete in dar nâch
ritter als im wol tohte
sô er schierist mohte.

22.23 *G*] Daz ich die ritterlichen gir M. w. m. began *AJ Neumann,* Daz ich die
. . . volle gan *B(EK)*   **27** vil *BGJK*] *fehlt A*   **29** daz *BEGJK*] ez *A*   **30** Ich
BEGJK] Vnd *A*   **33** ir *B*] des *A,* es *E,* 'z *G, fehlt JK,* si *Paul Wolff (aber
verschieden bezogen, vgl. 1634)*   **34** sîn *Paul (Subjekt bezogen auf* wort *1626)*]
sint *JE,* sî *Wolff ABG (Subjekt bezogen auf* lêre *1632)*   **38** ez *ABEGJK*] *tilgt
Wolff*   **42** selben *BEGJK*] sidin *A*   **43** dâ *BEK*] do *G, fehlt AJ*   **45** wol daz
GJK] daz wol daz *A,* daz *BE*   **47** *EGK(B)*] Ze riter *AJ*   **48** *BEGJK*] Vnd als
er *A*

Grêgôrius, dô er ritter wart,
1650 dannoch hete er im niht enbart
umbe sîn tavel und umbe sîn golt.
er was im alsô starke holt   1480
daz erz in hal durch einen list.
er gedâhte: ›sît er nû ritter ist
1655 und er des guotes niene hât,
sô hœret er lîhte mînen rât
und belîbet noch durch guot gemach.‹
er versuochtez aber unde sprach:
›noch belîp, lieber sun, bî mir.
1660 dêswâr ich gevüege dir
ein alsô rîche hîrât
diu wol nâch dînem willen stât   1490
unde gibe dir al die vrist
daz dû vil schône varende bist.
1665 dû hâst gewunnen ritters namen:
nû muostu dich dîner armuot schamen.
nû waz touc dîn ritterschaft,
du enhetest guotes die kraft?
nu enkumestû in dehein lant
1670 dâ dû iemen sîst erkant:
da enhâstû vriunt noch vorder habe.
sich, dâ verdirbestû abe.   1500
noch bekêre dînen muot
und belîp: daz ist dir guot.‹
1675 Grêgôrus sprach: ›herre,
versuochetz niht sô verre.
wolde ich gemach vür êre,
sô volgete ich iuwer lêre
und lieze nider mînen muot:
1680 wan mîn gemach wære hie guot.

49 *BEGK(J)*] ze riter *A*   **50** *Pfeiffer 181*] D. h. er niht enbart *B*, D. h. er im
erbart *G*, D. h. im der apt nicht enspartt *E*, D. h. er nienan bart *K*, Do hat er im
dannoh niht enbart *A*, Do hatt jm der abt dennocht nit gesait daz (: was) *J*
55 er des guotes *EG(K)*] des gvtes er *A*, dez gûtez *J*, gvotes *B*   **63** dir *AGJ*] dir
gerne *BEK Wolff*   **65** Dû *BEGJ*] Nv *AK*   **68** guotes *BEJ*] des gvtes *A*
70 Dâ *BEJK*] Daz *A*   **77** gemach *BEHJK*] gemach han *A*   **80** hie guot *EHJ*]
hie vil gv̂t *A*, ze gût *GB*, gûtt *K*

51

jâ tuot ez manigem schaden
der der habe ist überladen: 1510
der verlît sich durch gemach,
daz dem armen nie geschach
1685   der dâ rehte ist gemuot:
wan der urbort umbe guot
den lîp manigen enden.
wie möhte erz baz gewenden?
wan ob er sich gewirden kan,
1690   er wirt vil lîhte ein sælic man
unde über diu lant
vür manigen herren erkant.   1520
daz ich heize ein arm man,
dâ bin ich unschuldic an.
1695   ich trage si alle samet hie,
die huobe die mir mîn vater lie.
sît ez mir nû sô geziuhet
daz mich diu Sælde vliuhet
und ich niuwan ir gruoz
1700   mit vrümikeit gedienen muoz,
dêswâr ich kan si wol erjagen,
si enwelle sich mir mê versagen   1530
dan si sich noch ieman versagete
der si ze rehte jagete.
1705   sus sol man si erloufen,
mit kumber sælde koufen.
dâ enzwîvel ich niht an,
wirde ich ein rehte vrumer man
an lîbe und an sinne,
1710   ichn gediene wol ir minne:
unde bin ich aber ein zage,

86 der *EGHJK(B)*] er *A;* urbort *G*] arbeitit *HJK(B) Paul,* wagt *A,* wirbet *E*
88 erz *BHK*] er *AJ,* es daß *E*   **90** *BEGHJ(K)*] So wirt er ein s. m. *A*   **91** *GK*]
Vnd ovch vber d. l. *H,* Vnd vebet er d. l. *B,* Vnd vber alle die *(fehlt E)* land
JE Wolff, Wider die livte vnd vber d. l. *A*   **98** mich diu Sælde *BHJ*] div sælde
von mir *AE(K) Paul*   **1700** gedienen *BHK*] verdienen *A,* dienen *J(E)*
3 iemen *ABEHJK*] tilgt *Wolff*   **6** kumber sælde *HK*] grozem chvmber *A,*
tvgenden selde *B,* keiner sulde *E,* frumkait ir selde *J; BEHJK*] erchavfen *A*
10 Ichn *K*] Ich *ABEHJ*

so enmüeze ich niemer drîe tage 1540
geleben, so ich hinnen kêre.
waz solde ich âne êre?
1715 ob ich mit rehter arbeit,
mit sinne und mit manheit
erwirbe guot und êre,
des prîset man mich mêre
dan dem sîn vater wunder lie
1720 und daz mit schanden zegie.
wes bedarf ich mê danne ich hân?
mîn ors sint guot und wol getân, 1550
mîn knehte biderbe unde guot
und hânt getriulîchen muot,
1725 sô bin ich ze harnasche wol:
swâ man guot bejagen sol,
da getrûwe ich harte wol genesen.
diz sol der rede ein ende wesen:
herre, iuwern gnâden sî genigen
1730 und des mit hulden verzigen
daz ich iht langer hie bestê.‹
        ›Sun, sô enwil ich dich niht mê 1560
sûmen vür dise vrist
(ich sihe wol daz dir ernest ist),
1735 swie ungerne ich dîn enbir.
lieber sun, nû ganc mit mir:
wan ich wil dich sehen lân
waz ich noch dînes dinges hân.‹
        Sus vuorte in der getriuwe man
1740 vil sêre weinende dan
ûf eine kemenâten
die er vil wol berâten 1570
mit sîdîner wæte vant
und gap im in sîne hant

14 âne êre *BEHJK*] danne mere *A*   19 dem *BHJK*] den *E*, den dem *A*
23 knehte *BEJK*] chnappen *AH, vgl. Arnold 2, 882 (II 18, 40)* servi   24 *BEK*]
getriwen *AHJ*   25 *BJK*] Ich bin ze *AH*, Ich han es an *E*   29 gnâden *BEK*]
hvlden *AHJ*   34 sihe *BEGJK*] hore *AH, vgl. Arnold 2, 892 (II 19, 2)* cerno
36 mit mir *EGHJK*] sant mir *B*, her (: enber) *A*   37 Wan *BEGHJK*] *fehlt A*
44 sîne *BEGJK*] die *AH*

53

1745 sîne tavel, daz er las
wie allem sînem dinge was.
des wart er trûric unde vrô.
sîn trûren schuof sich alsô
als ich iu hie künde:
1750 er weinde von der sünde,
dâ er inne was geborn.
dâ wider hâte er im erkorn   1580
guote vreude dar abe,
von hôher geburt, von rîcher habe,
1755 der er ê niht enweste.
dô sprach der triuwen veste
der sîn herre was gewesen:
›sun, nû hâstû wol gelesen
daz ich dich unz her hân verdaget:
1760 dîn tavel hât dirz wol gesaget.
nû hân ich mit dînem golde
gebâret als ich solde   1590
nâch dîner muoter gebote:
ich hân dirz in gote
1765 gemêret harte starke.
vünfzic und hundert marke
hân wir dir gewunnen,
swie übele wirz kunnen,
von sibenzehen sît den stunden
1770 daz wir dich êrste vunden.
ich gap in drî und niht mê
die dich mir brâhten abe dem sê.   1600
alsus vil ist dîner habe:
dâ begâstu dich schône abe
1775 ze anderm gewinne,
hâstû deheine sinne.‹
        Des antwurte im Grêgôrius
vil sêre weinende sus:

47 vrô *EGHJK*] vnvro *AB*   **55** ê *GJK*] dar vor *E, fehlt ABH*   **56** Dô
GK(BE)] Nv *AHJ*   **61** dînem *AHJ*] dem *BEGK Wolff*   **67** *BEGJK*] Die han
AH Wolff   **74** schône abe *GHJK*] wol der abe *B,* schone immer abe *A*
77 Des *BEGK*] Do *A,* Nv *JH*

›ouwê, lieber herre,
1780 ich bin vervallen verre
âne alle mîne schulde.
wie sol ich gotes hulde   1610
gewinnen nâch der missetât
diu hie vor mir geschriben stât?‹
1785 ›vil lieber sun, daz sage ich dir.
dêswâr, daz geloube mir,
gestâstû bî der ritterschaft,
sich, sô mêret sich diu kraft
dîner tägelîchen missetât
1790 und enwirt dîn niemer rât.
dâ von sô lâ dîn irrikeit
die dû an hâst geleit   1620
unde diene gote hie.
ja enübersach er dienest nie.
1795 sun, nû stant im hie ze klage
und verkoufe dîne kurze tage
umbe daz êwige leben.
sun, den rât wil ich dir geben.‹
›Ouwê, lieber herre,
1800 jâ ist mîn gir noch merre
zuo der verte dan ê.
ich engeruowe niemer mê   1630
und wil iemer varnde sîn,
mir entuo noch gotes gnâde schîn
1805 von wanne ich sî oder wer.‹
›sun, des bewîse dich der
der dich nâch im gebildet hât,
sît dû verwirfest mînen rât.‹
Ein schef wart im gereite,
1810 dâ man im an leite
zem lîbe volleclîchen rât,
spîse, sîn golt, sîne wât.   1640

91 dîn EGHK] div A, die B   92 EGHK] an dich hast AB   96 BEGHK]
verch\u{v}ffet iwer A   98 dir BEGHK] iv A   1801 verte BJ(E)] rede K, werlte
HAG Paul Wolff, vgl. Dittmann 153–55 u. B. Herlem-Prey, Le Gregorius et la Vie
de Saint Grégoire, Göppingen 1979, S. 159   8 dû BEGHJK] dv nv A   9 AB]
berayt EGJK Paul   10 an BGJK] in AE

und dô er ze scheffe gie,
der abbet begap in nie
1815 unz er an daz schef getrat.
alsus rûmde er daz stat.
swie sêre sî gescheiden diu tugent
under alter und under jugent
so ergie doch von in beiden
1820 ein jæmerlîchez scheiden.
si enmohten der ougen
ein ander niht verlougen   1650
unz si sich vor dem breiten sê
enmohten undersehen mê.
1825   Nû bôt der ellende
herze unde hende
ze himele und bat vil verre
daz in unser herre
sande in etelîchez lant
1830 dâ sîn vart wære bewant.
er gebôt den marnæren
daz si den winden wæren   1660
nâch ir willen undertân
und daz schef liezen gân
1835 swar ez die winde lêrten
und anders niene kêrten.
ein starker wint dô wæte:
der beleip in stæte
und wurden in vil kurzen tagen
1840 von einem sturmweter geslagen
ûf sîner muoter lant.
daz was verhert und verbrant,   1670
als ich iu ê gesaget hân,
daz ir niht mêre was verlân
1845 niuwan ir houbetstat

18 *EHK*] Vnder dem alter vnd der ivgent *B*, Alter vnd ivgende *A*, Daz alter vnd
die jugent *J*   29 Sande *BEJK(G)*] Wiste *A*   37 dô *BEGK*] in do *AHJ Paul*
38 in do st. *AJ*, in langer st. *BK*, in lannge st. *E*, in harte st. *H*, vil vnstæte *G*
40 *A*] sturm wind *J*, stůrm wart er *(1839 abweichend) G*, sturme *BHK Paul*,
snellen sturm̃ *E*   43 iu ê *BGH(K)*] iv *A*, v́ch vor *J*, dar vor *E*   44 was *EGHJ*]
wart *ABK*

56

diu ouch mit kumber was besat.
und als er die stat ersach,
ze den marnæren er dô sprach
daz si dar wanten
1850 die segele und dâ lanten.
 Dô die burgære sâhen
daz schef dort zuo gâhen, 1680
dô sazten si sich mit her
disem scheffe ze wer.
1855 nû zeicte in der ellende
vridelîche hende
und vrâcte die burgære
waz ir angest wære.
des nam si besunder
1860 alle michel wunder,
von wannen der herre
gevarn wære sô verre 1690
daz er des niene weste.
ir einer der beste
1865 undersagete im vil gar,
als ich iu ê, waz in war.
 Als er ir nôt hete vernomen,
er sprach: ›sô bin ich rehte komen.
daz ist des ich got ie bat
1870 daz er mich bræhte an die stat
dâ ich ze tuonne vunde,
daz ich mîne junge stunde 1700
niht müezic enlæge,
dâ man urliuges phlæge.
1875 geruochet es diu vrouwe mîn,
ich wil gerne ir soldenære sîn.‹
 Nû sâhen si daz er wære
vil harte lobebære

47 ersach *BGJK*] an ersach *A*, an sach *E Paul*, ane gesach *H*   **50** *K*] Die s. und
lanten *Paul H*, Dy s. zu dem lannden *E*, Vnd die s. dar landen *G*, Vnd den segel
darzů lantin *J*, Vnd da lanten *B*, Vnd die s. sancten *A*   **52** dort zuo *GHK*] dar
zv *ABJ*, dort hin zu jn *E*   **53** Dô *EGK(B)*] Nv *AH, fehlt J;* sich *BEGHJK*] *in*
A erst 1854 (sich ce wer)   **70** bræhte *BEGJK*] birehte *H*, sande *A*   **76** gerne
AJ(E)] *fehlt BGHK Paul*

       an lîbe und an guote:
1880   mit willigem muote
       wart er geherberget dô.
       diu vrouwe was des gastes vrô,   1710
       doch hete si in dannoch niht gesehen.
       nû was im dar an wol geschehen:
1885   den er ze wirte gewan,
       der was ein harte vrum man,
       der besten einer von der stat.
       swaz er dem gebôt und bat,
       daz vuor nâch sînem muote.
1890   daz galt er wol mit guote.
       sîn zerunge was rîche
       und doch sô bescheidenlîche   1720
       daz im dar under nie gebrast:
       des wart er ein werder gast.
1895   Dô er vernam diu mære
       daz diu vrouwe wære
       schœne junc und âne man,
       daz ir daz urliuge dar an
       und diu ungenâde geschach
1900   daz si den herzogen versprach
       und daz si ze stæte
       die man versprochen hæte,   1730
       dô hæte er si gerne gesehen:
       und wie daz möhte geschehen
1905   âne missewende,
       des vrâcte der ellende.
       ouch was ir von im geseit
       diu zuht und diu vrümikeit
       daz ouch si in vil gerne sach,
1910   daz selten gaste dâ geschach.
       wan daz was ir ellich site,
       dâ erzeicte si mite   1740
       ir angestlîche swære
       (wan ir was vreude unmære):

85 *EGJK*] genam *A*, nam *B*   **88** bat *BEJK*] gebat *A*   **90** wol *BJK*] im wol *A*
94 ein *J*] ein so *B*, da ein *EK*, im vil *A*   **98** Daz *BEK*] Vnd daz *A Paul*

1915 er wære arm oder rîch,
   gast oder heimlîch,
   den lie si sich niemer gesehen,
   ez enmöhte ze münster geschehen,
   dâ si stuont an ir gebete,
1920 als si ze allen zîten tete,
   ez benæme ir slâf oder maz.
    Nû riet der wirt dem gaste daz   1750
   daz er ir truhsæzen bat
   daz er in bræhte an die stat
1925 dâ er si möhte gesehen.
   daz lie der truhsæze geschehen.
   er nam in eines tages sît
   vruo in einer messezît
   und vuorte in an sîner hant
1930 dâ er si an ir gebete vant
   und lie in si wol beschouwen.
   der truhsæze sprach zer vrouwen: 1760
   ›vrouwe, grüezet disen man,
   wande er iu wol gedienen kan.‹
1935 vür einen gast enphie si ir kint:
   ouch was sîn herze dar an blint
   und im unkunt genuoc
   daz in diu selbe vrouwe truoc.
    Nû sach si in vlîzeclichen an
1940 und mê dan si deheinen man
   vordes ie getæte:
   daz kam von sîner wæte.   1770
   dô si die rehte besach,
   wider sich selben si des jach,
1945 daz daz sîdîn gewant
   daz si mit ir selber hant
   zuo ir kinde hete geleit
   unde disses gastes kleit

1924 an *BEJK*] vf *A* **39** vlîzeclichen *AK*] ze vlîze *(E) Wolff nach Leitzmann*,
ernstlich *J*, vil heinzic B_1, vil hemzic B_2 **40** si *K*] si ie *J, fehlt ABE* **43** Dô
JK(BE)] Doch *A* **45** Daz daz *Pfeiffer 181*] Daz wære daz *AJ*, Es wer das
E Neumann, Daz si daz *B*, Dz sy *K* **46** Daz si *EGJK*] Daz si da *A, fehlt B*

gelîche wæren begarwe
1950 der güete und der varwe:
ez wære benamen daz selbe gewant,
oder daz si von einer hant   1780
geworht wæren beide.
daz ermande si ir leide.
1955 nu behagete im diu vrouwe wol
als einem manne ein wîp sol
an der nihtes gebrast:
ouch behagete ir der gast
baz danne ie man getæte.
1960 daz macheten sîne ræte
der ouch vroun Êven verriet,
dô si von gotes gebote schiet.   1790
        Sus bevalh in diu guote
in des truhsæzen huote
1965 unde schieden sich sâ.
sîn herze lie er bî ir dâ
und vleiz sich deste mêre
ûf prîs und ûf êre,
daz er si hâte gesehen.
1970 im was sô liebe dran geschehen
daz er sich dûhte vreuderîch.
nû vant man aller tägelîch   1800
ritterschaft vor der stat,
swie des mannes herze bat,
1975 ze orse und ze vuoze.
daz was sîn unmuoze.
des wart er schiere mære:
swenne die burgære
an die vîende kâmen,
1980 swelhen schaden si dâ nâmen,
sô vergie in selten daz
er engetæte ie etewaz   1810

49 Gelîche wæren JK] G. were BG, G. gar weren E, In geliche A Neumann
59 ieman BK, ie iemen A, ie kain man J, ymannd annderer E   72 aller
BEGK] all tag J, fehlt A   80 dâ EKM(J)] fehlt A

60

dâ von er wart ze schalle
und ze prîse vür si alle.
1985   Daz treip er unz ûf die stunde
daz er wesen kunde
ritter swie man gerte,
ze sper und ze swerte.
als er die kunst vil gar bevant
1990 tägelichen mit der hant
und er benamen weste
daz er wære der beste,   1820
daz er hæte ellen unde kraft
und ganze kunst ze ritterschaft,
1995 dô êrste wart sîn vrävele grôz.
wie lützel in der nôt verdrôz!
er was der vîende hagel,
an jagen ein houbet, an vluht ein zagel.
    Nû was der Rômære
2000 von sîner manheit mære,
der herzoge der in daz lant
hete verhert und verbrant,   1830
vil sterker danne ein ander man.
ouch was dem selben dar an
2005 sô schône gelungen
daz er mit gemeiner zungen
ze dem besten ritter wart genant
über älliu diu lant.
nû was daz sîn gewonheit
2010 daz er eine dicke reit
durch justieren vür daz tor.
dâ tet erz ritterlichen vor: 1840
wande swelh ritter guot
durch sînen ritterlîchen muot
2015 her ûz justierte wider in,

83 er wart BEM] er da wart A, ward er JK   85 unz EJKM] fehlt AB
87 man BEJKM] er A   88 und BJKM(E)] alde A   93 AKM] Vnd er hatt J,
Er hete (BE) Paul Wolff (v. 1993.94 in Klammern)   94.95 BKM(EJ)] Do erste
wart sin riterschaft Vrevel vnde groz A   2009 Nû BEJKM] Ovch A, Do G
10 eine dicke] allein dick E, in ein diche G, raine dikk K, vil diche A, teglichez
B, teglichen J   11 daz BEGJK] div AM, vgl. Dittmann 87f.

den vuorte er ie gevangen hin
ze der burgære gesihte
und envorhte si ze nihte.
des hete er alles vil getriben
2020 daz in niemen was beliben
der in bestüende mêre:
doch versuochte erz dicke sêre.   1850

    Nu erschamte sich Grêgôrius,
daz in ein man alsus
2025 hete geleit ein michel her
âne aller slahte wer.
dô gedâhte er dicke dar an:
›nû sihe ich dicke daz ein man
der zabel sêre minnet,
2030 swenne er daz guot gewinnet
daz er ûf zabel wâgen wil,
vindet er danne ein glîchez spil,   1860
sô dunket er sich harte rîch:
und istz joch ein teil ungelîch,
2035 er bestâtz ûf einen guoten val.
nû hân ich eines spiles wal.
bin eht ich sô wol gemuot
daz ich mîn vil armez guot
wâge wider sô rîche habe,
2040 daz ich iemer dar abe
geêret und gerîchet bin,
ob mir gevallet der gewin.   1870
ich bin ein ungelobeter man
und verzagete noch nie dar an,
2045 ichn gedenke dar nâch alle tage,
wie ich die sælde bejage
daz ich ze vollem lobe gestê.
nu enweiz ich niht wie daz ergê:
ich enwâge drumbe den lîp,

---

16 ie gevangen *EGJKM*] gevangen ie *A*, gevangen *B*   **19** alles *K*] allez *G*, alz
BM, also *A Paul*, so *J, fehlt E*   **20** in *ABJ*] in nu *EGM Paul*, im *K*
22 *BEJKM*] versvchten siz *A*   **23** Nu *BGJKM*] Dv *A (falsche Initiale)*
27 dicke *ABJKM*] offt *E Paul*   **32** glîchez *BEJKM*] geteiltez *A Neumann*
34 joch *J*] ouch *AEM Paul*, doch *BK*

62

2050 man hât mich iemer vür ein wîp
und bin der êren betrogen.
mac ich nû disen herzogen 1880
ûf gotes gnâde bestân?
nû weiz ich doch wol daz ich hân
2055 beidiu sterke und den muot.
ich wil benamen diz arme guot
wâgen ûf disem spil.
man klaget mich niht ze vil,
ob ich von im tôt gelige:
2060 ist aber daz ich im an gesige,
sô bin ich êren rîche
iemer êwiclîche. 1890
daz wizze man unde wîp,
mir ist lieber daz mîn lîp
2065 bescheidenlîche ein ende gebe
dan daz ich lasterlichen lebe.‹
        Grêgôrius sich des vil gar bewac
daz er ez deheinen tac
wolde vristen mêre:
2070 durch got und durch êre
wolde er verliesen sînen lîp
oder daz unschuldige wîp 1900
lœsen von des herren hant
der ir genomen hâte ir lant.
2075 diz sagete er niuwan einem man
der in mohte wol dar an
gevrumen und gewerren,
dem oberisten herren:
er wolde ez nieman mê sagen.
2080 morgen dô ez begunde tagen,
dô hôrte er eine messe vruo
und bereite sich dar zuo 1910

55 sterke *BEGJ*] die st. *AKM*   **56** arme *BEGJKM*] *fehlt A*   **58** *BJKM(EG)*]
Ja chlagt man niht ze vil *A*   **59** *GJKM*] von im hie tod *E,* vor im tot *B,* tot von
im *A*   **67** *AGM(K)*] sichs vil gar *Wolff nach Bartsch Germ. 14 (1869) 429,* sich
des gar *Paul J,* sich gar *E,* sich des *B*   **71** er *BEGJKM*] *fehlt A;* sînen
BEGJKM] den *A*   **74** *EGJK*] benomen *AM*   **75** Diz *BEGJKM*] Daz *A*
76 in *ABG*] im *EKM(J) Paul*   **80** *EK(BG)*] Do ez morgen *AM(J)*

63

als er ze velde wolde komen.
der wirt wart zuo der rede genomen,
2085 der half im ûz vür die stat.
mit grôzem vlîze er in des bat
daz er des war næme,
swenne er wider kæme,
daz er in lieze wider in,
2090 er bræhte vlust oder gewin.
   Alsus kam der guote
mit manlîchem muote   1920
geriten über jenez velt
vür des herzogen gezelt,
2095 dâ er in inne weste.
nu ersach in der muotveste
unde wâfente sich sâ
und ouch nieman mêre dâ.
alle die er dâ hâte
2100 die ruoften daz man drâte
im sîn ors gewünne:
er vorhte daz er im entrünne.   1930
als in Grêgôrius komen sach,
vil sinneclichen im geschach:
2105 er begunde im entwîchen
vil harte kärclîchen
zuo den sînen vür daz tor.
vil wol erbeite er sîn dâ vor,
ob er in bekumbern möhte,
2110 daz im niene töhte
diu helfe von sînem her.
nû saz diu burcmûre und diu wer   1940
vol ritter unde vrouwen
die daz wolden schouwen
2115 wederm dâ gelunge.
nu ensûmde sich niht der junge.

---

85 ûz *GJKM*] vf *B*, ovch *A*, *fehlt E*   **86** grôzem *BEGJKM*] *fehlt A*
90 *Lachmann*] verlust *BEJK Wolff*, flvht *AGM*   **92** manlîchem *EJKM*] miche-
lem *A*, einenclichen *B*   **96** Nu *EGK*] Do *AM*   **99** Alle *BEGJK*] Aber *A*
2108 Vil wol e. er *GK(E)*] Wol baite er *J*, Vnd enbeitte *A*

64

Ir ietweder sich dâ vleiz
ûf ein langez puneiz.
zuo ein ander wart in ger.
2120 alse schiere si diu sper
under die arme sluogen,
diu ors si zesamene truogen. 1950
diu sper wâren kurz und grôz,
des ir ietweder missenôz:
2125 wande ir ietweder stach
daz sîn, daz ez ze stücken brach
und daz si doch gesâzen.
wie lützel si vergâzen
der swerte bî der sîten!
2130 seht, si begunden strîten,
zwêne gelîche starke man
der enweder nie gewan 1960
unredelîche zageheit
(daz sî iu vür wâr geseit)
2135 alse grôz als umbe ein hâr,
und ez muose dâ vür wâr
den strît under in beiden
kunst und gelücke scheiden.
Dô ir ietweder genuoc
2140 mit dem swerte gesluoc,
dô bekumberte in alsus
der getühtige Grêgôrius 1970
daz er in zoumen began
und vuorte in mit gewalte dan
2145 vaste gegen dem bürgetor.
daz was im noch beslozzen vor
und enwart niht drâte in verlân.
nû hâte des war getân
des herzogen ritterschaft.

---

18 *AB*] eynen lanngen *EGJ Paul Wolff,* ain lange *K, vgl. 1614*   **19** in *G*] ir
EK; Nv wart in zᵛ ein ander ger *AJ*   **24** ir *EGJK*] *fehlt AB*   **26** ze st. *BG*] in
hvndert stᵛch *A,* an zehen stukkyn *K,* enzway *JE*   **30** *GJK*] Hie beg. *A,* Si
beg. *B,* Seht hie beg. *Paul*   **38** K. und g. *E*] K. oder g. *BJ,* Die chᵛnst oder
vngelᵘcke *G,* K. vnd vngliche *K,* Vngeliche *A*   **40** dem sw. *BEK*] den swerten
GJ, sinem sw. *A*   **44** gewalte *BEGJK*] im *A*

2150 die begunden mit aller ir kraft
gegen ir herren gâhen.
dô daz die burgære sâhen, 1980
dô wurfen si ûf diu bürgetor.
alsus ergie dâ vor
2155 der aller hertiste strît
der vordes oder sît
von sô vil liuten ergie.
doch behabete Grêgôrius hie
sînen gevangenen man
2160 und brâhte in ritterlichen dan.
zuo sluogen si diu bürgetor.
dô huoben si dâ vor 1990
einen sturm harte grôz:
unlanc was daz sis verdrôz.

2165   Der sælige Grêgôrius
der bejagete im alsus
des tages michel êre
und hete von grôzem sêre
erlœset sîner muoter lant
2170 mit sîner ellenthaften hant.
vordes was sîn prîs sô grôz
daz niemen vrumen des verdrôz 2000
er enspræche sîn êre:
nû hât er ir aber mêre.
2175 ouch hât diu vrouwe und ir lant
von sîner gehülfigen hant
alle ir nôt überkomen.
swaz si schaden hete genomen,
der wart ir volleclîche erstat,
2180 als si gebôt unde bat,
und emphie des rehte sicherheit
daz er ir dehein leit 2010

50 B] Dú begunde KEG Paul, Vnd begvnden AJ   53 diu EGJK] daz AB
55 aller BGJK] fehlt AE   58 Doch BJK] Do EG Paul, vgl. A   58.59 Daz
erzeigten si wol hie Do behalte gr. sinen gevangen man A   64 sis B(G)] si des
AE Paul, si J, sy sich K   72 BEGJK] bedroz A   74 ir aber EJK] ir nv G,
noch B, lobes A   79 Der B₂EJK] Daz AB₁; erstat AEK] ersat BJ Wolff

vürdermâl getæte.
daz liez er harte stæte.
2185 Dô diz nœtige lant
sînen kumber überwant
und mit vride stuont als ê,
nû tet den lantherren wê
diu tägelîche vorhte
2190 die in der zwîvel worhte
daz ez in sam müese ergân,
ob si aber wolde bestân   2020
dehein gewaltigiu hant.
si sprâchen, ez wære daz grôze lant
2195 mit einem wîbe unbewart
vor unrehter hôchvart
›und hete wir einen herren,
so enmöhte uns niht gewerren.‹
Nû wurden si alsô drâte
2200 under in ze râte
daz si die vrouwen bæten
und daz mit vlîze tæten   2030
daz si einen man næme
der in ze herren gezæme:
2205 daz wære in allen enden guot.
si westen wol daz si den muot
ir durch got hæte erkorn
daz si hæte verborn
und verbern wolde alle man.
2210 dâ missetæte si an:
ir leben wære übele bewant,
ob si ein sô rîchez lant   2040
ir dankes âne erben
sus wolde verderben.

83 *Zwieržina 413 nach Erec 4266*] Fur daz mal *B*, Fúr des mǎl *K*, Fur dem male
ye *E*, Fv̓r die zit *A*, Iemer me *J*   **88** den *BEGJK*] *fehlt A*   **91** ez *BEGJK*]
fehlt A   **92** *GK(E)*] wolde aber *A*, wolten *BJ*   **94** daz *EGJK*] ein *AB*
97.98 hete wir ... uns *A*] heten si ... in *BEGJK Paul, vgl. Arnold 2, 1334–36
(II 29, 10–12)* si nobis esset dominus, qui nos potenter regeret, iam nemo nos
attereret   **2201** die *BEGJK*] ir *A*   **5** enden *BEJ(G)*] *fehlt AK,*   **9** *BEGK(J)*]
wold verbern *A*

2215 diz wæren ir ræte
daz si noch baz tæte
wider die werlt und wider got
(si behielte sô baz sîn gebot),
daz si einen man næme
2220 und erben bekæme.
diz was benamen der beste rât:
wande êlich hîrât   2050
daz ist daz aller beste leben
daz got der werlde hât gegeben.
2225 Dô ir der rehten wârheit
alsô vil wart vür geleit,
si volgete ir râte und ir bete
alsô daz siz in gote tete
und gelobte ze nemen einen man.
2230 da geschach ir aller wille an.
nû rieten si über al
daz man ir lieze die wal   2060
ze nemen swen si wolde.
dô daz wesen solde,
2235 do gedâhte diu guote
vil dicke in ir muote
wen si nemen möhte
der baz ir muote töhte
danne den selben man
2240 (und geviel vil gar dar an)
den ir got hete gesant
ze lœsen si und ir lant.   2070
daz was ir sun Grêgôrius.
dar nâch wart er alsus
2245 vil schiere sîner muoter man.
da ergie des tiuvels wille an.
Dô si den herren sagete
wer ir dar zuo behagete,
nû wâren si niemans alsô vrô:

15 B(E)] waren AJK   17 wider² BEJK] fehlt A   18 baz BEJK] daz A
19 einen EJK] den B, fehlt A   20 erben BK] rechter erben J, erben da bi A,
erben dem lannde E   26 BEJK] fvr wart A   40 geviel BEGJK] viel A

2250   ze herren nâmen si in dô.
ez enwart nie wünne merre
dan diu vrouwe und der herre   2080
mit ein ander hâten,
wan si wâren berâten
2255   mit liebe in grôzen triuwen;
seht, daz ergie mit riuwen.
er was guot rihtære,
von sîner milte mære.
swaz einem manne mac gegeben
2260   ze der werlde ein wünneclîchez leben,
des hâte er gar des wunsches wal:
daz nam einen gæhen val.   2090
    Sîn lant und sîne marke
die bevridete er alsô starke,
2265   swer si mit arge ruorte
daz er den zevuorte
der êren und des guotes.
er was vestes muotes:
enhæte erz niht durch got verlân,
2270   im müesen wesen undertân
swaz im der lande was gelegen.
nû wolde aber er der mâze phlegen: 2100
durch die gotes êre
so engerte er nihtes mêre
2275   wan daz im dienen solde:
vürbaz er niene wolde.
    Die tavel hâte er alle wege
in sîner heimlîchen phlege
verborgen ûf sîner veste,
2280   dâ die niemen weste,
diu dâ bî im vunden was.
an der er tägelichen las   2110
sîn sündeclîche sache
den ougen ze ungemache,
2285   wie er geborn würde
und die süntlîche bürde

71 im der *A(B)*] in dem *EJK,* in der *Paul*

siner muoter und sînes vater.
unsern herren got bater
in beiden umbe hulde
2290 und erkande niht der schulde
diu ûf sîn selbes rücke lac,
die er naht unde tac   2120
mit sîner muoter uopte,
dâ mite er got betruopte.
2295   Nû was dâ ze hove ein maget,
alsô karc, sô man saget,
diu verstuont sich sîner klage wol,
als ich iu nû sagen sol,
wan si der kemenâten phlac
2300 dâ diu tavel inne lac.
er hete genomen ze sîner klage
ie eine zît in dem tage   2130
die er niemer versaz.
nu gemarhte diu juncvrouwe daz,
2305 swenne si in dar in verlie,
daz er dar lachende gie
und schiet ie als ein riuwic man
mit rôten ougen dan.
Nû vleiz si sich iemer mêre
2310 heimlichen sêre
wie si daz rehte ersæhe
wâ von diu klage geschæhe   2140
und sleich im eines tages mite,
dô er aber nâch sînem site
2315 ze kemenâten klagen gie.
dô was diu juncvrouwe hie
und barc sich unz si rehte gesach
sînen klägelîchen ungemach
und daz er an der tavel las,

94 *BEGHJK*] getr✝bte *A*   **2302** *HJ*] Im eine zit *A Neumann*, Eine zit im (im
durchgestrichen) *B*, Ein zeit *GK*, Ein heymlich zeit *E*   **3** niemer *AHJ*] ovch
niemer *BEGK Wolff*   **8** *EGHJK(B)*] Mit vil roten *A*   **9** *BEGJK*] sich mere *H*,
sich sere *A*   **10** *Paul Gr. Ausg., Wolff*] Heimlichen mere *A*, Herzeliche sere
BEJK Paul, Innicliche sere *H*   **15** *BEGHJK*] In die chemenaten gie *A*
17 rehte *AG*] *fehlt BEK Paul;* Vnd lûgt aigenlich vnd ersach *J*

2320 alse sîn gewonheit was.
dô er des harte vil getete
mit weinen unde mit gebete,   2150
dô truckente er diu ougen
und wânde sîniu tougen
2325 vor al der werlde wol bewarn.
nû hetez diu maget alsus ervarn.
war er die tavel leite,
daz ersach si vil gereite.

Dô sîn klage ein ende nam,
2330 diu maget vil harte schiere kam
zuo ir vrouwen unde sprach:
›vrouwe, waz ist der ungemach   2160
dâ von mîn herre trûret sô,
daz ir mit im niht sît unvrô?‹
2335 diu vrouwe sprach: ›waz meinestû?
jâ schiet er niuwelichen nû
von uns vil vrœlichen hie:
waz möhte er, sît er von mir gie,
vernomen hân der mære
2340 dâ von er trûric wære?
wære im selhes iht gesaget,
daz enhete er mich niht verdaget.   2170
im enist ze weinen niht geschehen:
dû hâst entriuwen missesehen.‹
2345 ›vrouwe, leider ich enhân.
dêswâr ich sach in hiute stân
dâ in ein riuwe gevie
diu mir an mîn herze gie.‹
›Sich, jâ was ez ie dîn site
2350 unde hâst mir dâ mite
gemachet manige swære,
dun gesagetest nie guot mære.   2180
noch baz dû gedagetest

---

24 sîniu *EGH*] sy nun *K*, si mit *A*, sin gar *B*, ez sôlte sin *J*   **31** ir *AH*] der
BEGJK Paul   **41** *BHJK(E)*] Wære er zeleide gedigen *A*   **42** *K(BEHJ)*] niht
verswigen *A*   **43** *BEHJK*] niht zeweinen *A*   **46** in *BEHJK*] *fehlt A*
53.54 *BHJ(K)*] gedagest : sagest *AE*

71

dan dû die lüge sagetest
2355 diu mir ze schaden gezüge.‹
›vrouwe, diz ist niht ein lüge.
jâ enist anders niht mîn klage
wan daz ich iu sô wâr sage.‹
›sich, sô meinestûz doch sô?‹
2360 ›entriuwen jâ, er ist unvrô.
ich wânde ir westetz michel baz.
jâ vrouwe, waz mac wesen daz   2190
daz er vor iu sô gar verstilt,
wan er iuch anders niht enhilt?
2365 zewâre, vrouwe, swaz ez sî,
im wonet ein grôziu swære bî.
ich hâns ouch mê war genomen:
nû bin ichs an ein ende komen
daz er sô grôzen kumber treit
2370 den er noch nieman hât geseit.
sît er disses landes phlac,
so enlie er nie deheinen tac   2200
er engienge ie wider morgen
eine und verborgen
2375 in die kemenâten,
vreude wol berâten:
swie vrœlich er dar in gie,
sô schiet er doch ze jungist ie
her ûz vil harte riuwevar.
2380 doch genam ichs nie sô rehte war
als ich hiute hân getân.
dô ich in sach dar in gân,   2210
dô stal ich mich mit im dar in
und barc mich dâ unz daz ich in
2385 und alle sîn gebærde ersach.
ich sach in grôzen ungemach

57 BEHK] niht anders AJ Paul   59 sô¹ EJK] n⸗ H, fehlt AB   63 BEHJK]
stilt A   64 EHJK] niht anders AB   67 H] Ich han es rechte w. g. K(BE), Ich
hab sin wol w. g. J, Des han ich w. g. A   71 disses HK(BJ)] des A, hy erste des
E, hie disses Wolff   73 wider BEHK] wider den J, an dem A   80 ichz BH,
ich sin K(E), ich A

von unmanlîcher klage begân
unde vor ime hân
ein dinc dâ an geschriben was.
2390 dô er daz sach unde las,
sô sluoc er sich zen brüsten ie
und bôt sich an sîniu knie   2220
mit venjen vil dicke,
mit manigem ûfblicke.
2395 ich gesach joch nieman mêre
geweinen alsô sêre.
dâ bî erkande ich harte wol
daz sîn herze ist leides vol:
wan dâ enzwîvel ich niht an
2400 umbe einen sô geherzen man,
swâ dem ze weinenne geschiht,
daz ist âne herzeriuwe niht,   2230
als ich in hiute weinen sach.‹
     Diu vrouwe trûriclichen sprach:
2405 ›ouwê mîns lieben herren!
waz mac im danne werren?
mir ist sînes kumbers niht mê kunt:
wan er ist junc und gesunt
und rîch ze guoter mâze.
2410 dar zuo ich niene lâze
ich envâre sîns willen als ich sol.
dêswâr des mac mich lüsten wol,   2240
wande er daz wol verschulden kan.
hât dehein wîp tiurern man,
2415 dêswâr daz lâze ich âne zorn:

87 *Pfeiffer 182*] manlicher *JE*, maniger *K*, michilir *HB*, iemerlicher *G, vgl. A
und Arnold 3, 109 (III 5, 35)* planctum dare femineum   87.88 Von vnma-
nelichen vngehaben Begæn vnde vor im haben *A*   88 Unde *HK, vgl. A*] Vnd
ŏch *JB*, Vnd ich *(fehlt G)* sach in *EG*   89 Ein *BEGHJK*] Sin *A*   90 Dô *GHJ*]
So *A*, Alz *BEK*   93 *GHK*] venie *A*, wainen *E*, waineinen *J*, weinden ovgen *B*
95 Ich *BEHJ*] Vnd ich *A;* joch *K*] auch *E*, noch *B, fehlt AHJ Paul*   2400 *BJK*]
herzeten *H*, beherzten *A*, herczenhafften *E*   14 Hât dehein *AH*] Gewan ie
BK(EG) Paul; tiurern *Lachmann*] tewren *G*, einen tiweren *A*, dikeinen dŭrer
H, ein tvren *B*, trúwen *K*, ein trewen *E, vgl. Arnold 3, 130f. (III 6, 19f.)* magis
splendido marito

73

wande er enwart weizgot nie geborn.
ouwê mir armen wîbe!
jan geschach mînem lîbe
nie deheiner slahte guot
2420 und ouch niemer getuot
niuwan von sîn eines tugent.
nû waz mac im ze sîner jugent 2250
sô vil ze weinenne sîn geschehen
als ich dich dâ hœre jehen?
2425 nû tuo mir etelîchen rât,
sît daz er michz verswigen hât,
wie ich sîn leit ervar
daz ich mich doch an im bewar.
ich vürhte, ob ich mirz sagen bite,
2430 ich verliese in dâ mite.
ich weiz wol, swelh sache
im ze leide ode ze ungemache 2260
geschæhe diu ze sagenne ist,
dien verswige er mich deheine vrist.
2435 nu enger ich doch dehein geschiht
wider sînen willen ze wizzen niht,
wan daz mir diz durch einen list
alsô nôt ze wizzenne ist:
ob sîner swære
2440 iender alsô wære
daz im mîn helfe töhte
und im si benemen möhte. 2270
daz er mich ie dehein geschiht,
si züge ze vreuden oder niht,
2445 verswige, des was ich ungewon
und bin wol gewis dâ von
daz er mir diz ungerne saget.‹
      ›Nû râte ich iu wol‹, sprach diu maget,
›daz ir ez harte wol ervart

16 weizgot nie *HK*] nie wæizgot *A*, werlich nye *E*, noch nie *B*   21 sîn eines
BHK] siner *A*, seines aigen *E*, sines endez *J*   24 dâ *BEHJK*] *fehlt A*
26 michz] michs *AG*, mirs *EHJ*, mir es *K*, mir si *B*   33 *H(BEJ)*] Geschach *A*
46 *EHJK*] bin es wol *A*   47 diz *HJK*] daz *A*, dy *E*

2450 und doch sîn hulde bewart.
dâ ich in dâ stânde sach
klagende sînen ungemach,   2280
die stat marhte ich harte wol,
als ich si iu zeigen sol.
2455 dô er geweinde genuoc
und sich zen brüsten gesluoc,
daz er dâ vor im hâte
daz barc er alsô drâte
in ein mûrloch über sich.
2460 die selben stat die marhte ich.
muget ir des erbîten
(er wil doch birsen rîten),   2290
vrouwe, sô vüere ich iuch dar
und zeige ez iu: sô nemet ir war
2465 waz dar an geschriben sî,
dâ erkennet ir ez bî.
ez enist niht âne daz,
dar an enstê etewaz
geschriben von sînen sorgen
2470 die er sus hât verborgen.‹
      Dô er nâch sîner gewonheit
ze walde birsen reit,   2300
dô tet si alsô drâte
nach der mägede râte
2475 und gie dâ si die tavel vant
und erkande si zehant,
daz ez diu selbe wære
(als man iu an dem mære
ouch dâ vor seite)
2480 die si zir kinde leite.
und als si dar an gelas
daz si aber versenket was   2310
in den vil tiefen ünden
tœtlîcher sünden,

52 *E*] Chlagen *ABJ*, Klagnē *K*   53 Die stat *BEJK*] Die stat die *A(G) Wolff*
61 des *BEGJ*] des nŷ *A*   64 zeige *BEGJK*] reich *A*   70 sus *BEGJK*] vns *A*
72 *ABEJK*] gereit *G Paul Wolff*   76 *BEGJK*] al zehant *A*   79 *BGJK*] hat
geseit *A*, geschriben sayt *E*

75

dô dûhte si sich unsælic gnuoc.
zuo den brüsten si sich sluoc
und brach ûz ir schœne hâr.
si gedâhte daz si vür wâr
zuo der helle wære geborn
2490 und got hæte verkorn
ir herzenlîchez riuwen
daz si begienc mit triuwen   2320
umbe ir erren missetât,
als man iu ê gesaget hât,
2495 sît er des tiuvels râte
nû aber verhenget hâte
daz si an der sünden grunt
was gevallen anderstunt.
      Ir vreuden sunne wart bedaht
2500 mit tôtvinsterre naht.
ich wæne ir herze wære
gebrochen von der swære,   2330
wan daz ein kurz gedinge
ir muot tete ringe
2505 und stuont ir trôst doch gar dar an.
si gedâhte: ›waz ob mînem man
disiu tavel ist zuo brâht
anders danne ich hân gedâht?
ob got mînen sun gesande
2510 gesunden ze lande,
etewer der in dâ vant
der hât die tavel und daz gewant   2340
mînem herren ze koufen geben.
des gedingen wil ich leben,
2515 unz ich die rede rehte ervar.‹
ein bote wart gewunnen dar
und besande alsô balde
ir herren dâ ze walde.

90 verkorn *GJK*] erchorn *A*, verlorn *BE*   93 erren *BJK(E)*] vorder *G*, groze *A*
2504 tete *BGJK*] machet *A*, noch moch *E*   **10** ze *GEK*] zv den *A*, zvo dem *BJ*
12 die t. und daz g. *BGK*] die t. vnd sein g. *E*, dis t. vnd g. *J*, taveln vnd daz
sidin g. *A*, t. undz g. *Wolff, vgl. v. 1094*   **14** wil *BEGJK*] mv̊z *A*   **16** *BEGJK*]
wart ir g. *A*

Der bote gâhte dô zehant
2520 dâ er sînen herren vant.
zuo dem sprach er alsus:
›herzoge Grêgôrius,   2350
ob ir iemer mîne vrouwen
lebende welt beschouwen,
2525 so geseht si vil drâte
oder ir komet ze spâte.
ich lie si in grôzer ungehabe.‹
nû wart Grêgôrius dar abe
vil harte riuwic und unvrô.
2530 er sprach: ›geselle, wie redestû sô?
jâ liez ich si an dirre stunt
vil harte vrô und wol gesunt.‹   2360
›herre, des wil ouch ich jehen.
jâ ist ez an dirre stunt geschehen.‹
2535   Ze walde wart niht mê gebiten:
vil balde si ze hûse riten.
da enwart (des wil ich iu verphlegen)
niht vil erbeizet under wegen
unz er vol hin kam
2540 dâ sîn vreude ein ende nam,
wande er muose schouwen
an sîner lieben vrouwen   2370
ein swære ougenweide.
ir hiufeln was vor leide
2545 diu rôsenvarwe entwichen,
diu schœne garwe erblichen:
sus vant er si tôtvar.
des entweich ouch im sîn vreude gar.
vil grôz jâmer dâ ergie:
2550 wande zwei gelieber nie
mannes ouge gesach.
der guote sündære sprach: 2380

---

35 niht mê *BGJ*] nie niht me *A*, nye *E*, nit *(oder* nie *?) K*   36 balde *BEGJK*]
drate *A Wolff*   46 *Zwierzina ZfdA 44 (1900) I*] Div sch. varwe erbl.
AB(EK) Paul, Vnd auch vil gar erbl. *G*, Vnd gar vnd gantz verbl. *J*   50 *Bech*]
zwei geliebe *B*, zway grosser liebe *E*, zway gelieben *G*, zwain gelieben *J*, von
geliebern *K*, grozer chlagen *A*,

77

›vrouwe, wie gehabet ir iuch sô?‹
vil kûme gantwurte si im dô,
2555 wande ir der sûft die sprâche brach.
mit halben worten si sprach:
›herre, ich mac wol riuwic sîn.‹
›waz wirret iu, liebiu vrouwe mîn?‹
›herre, des ist alsô vil
2560 daz ich ez gote klagen wil
daz ich ie ze der werlde kam:
wan mir ist diu Sælde gram.   2390
vervluochet was diu stunde
von unsers herren munde,
2565 dâ ich inne wart geborn.
Unsælde hât ûf mich gesworn
und behaltet vaste an mir den eit,
wan mir ie tûsent herzenleit
wider eime liebe sint geschehen.
2570 herre, ir sult mir des verjehen
von wannen ir geborn sît.
ez wære ê gewesen zît   2400
der vrâge die ich nû begân:
ich wæne ich si verspætet hân.‹
2575   ›Vrouwe, ich weiz wol waz ir klaget:
iu hât etewer gesaget
daz ich sî ein ungeborn man.
weste ich wer iuch dar an
alsus geleidet hæte,
2580 ezn gelægen mîne ræte
niemer unz ûf sînen tôt:
nû hel sich wol, des ist im nôt.   2410

---

53 iuch *BEGJK*] *fehlt A*   55 der sûft *K*] der súfze *J*, dy sewft *E*, daz sv̂fften
ABG; brach *BEGJK*] zebrach *A*   68 ie *EK(B)*] ietz *J*, ein *G, fehlt A*   69 *B*]
ein liebe *AEK*, ain liep *J Wolff*, lieb ein *G*   72 Ez *BEGJ(K)*] Ja *A*   74 ich²
BEGK] *fehlt A;* verspætet *BE(G)*] zespatet *A*, verspehet *K*   77 *A*] ich niht si
ein edel man *BEGJ(K) Paul*   80.81 *M*] Es geligen niemer min rete Vnz vf s. t.
B, Es engelæge (gelege *E*) niemer ræte Niemer vncz vff s. t. *KE*, Ez geleg niemer
wett Bis vncz an minen tod *J*, Ez gelæge nach minem rate Niemer vnz vf s. t. *A*,
Ich gelege nimmer vnz uff sint *(!) G*   82 *J(E)*] gehel *G*, halt *K;* dez *G*, das
EK, ez *J;* ist *GJK*] *fehlt E;* Der iv geschaffet hat die not *A*, Vnd tæte daz durch
not *M*

swer er ist, er hât gelogen:
ich bin von einem herzogen
2585 vil endelichen geborn.
ir sult mir volgen âne zorn
daz wir der rede hie gedagen:
ich enmac iu vürbaz niht gesagen.‹
    Sus antwurte im diu vrouwe dô:
2590 ›der rede enist niht, herre, alsô.
jâ ensæhe ich den man
weizgot niemer lachende an,   2420
der mir von iu iht sagete
daz iu niht behagete:
2595 er envunde hie niht guot antwurt.
jâ vürhte ich, iuwer geburt
diu sî mir alze genôzsam.‹
die tavel si her vür nam,
si sprach: ›sît ir der man
2600 (dâ enhelt mich niht an)
von dem hie an geschriben stât,
sô hât uns des tiuvels rât   2430
versenket sêle unde lîp:
ich bin iuwer muoter und iuwer wîp.‹
2605   Nû sprechet wie dô wære
dem guoten sündære.
er was in leides gebote.
sînen zorn huop er hin ze gote,
er sprach: ›diz ist des ich ie bat,
2610 daz mich got bræhte ûf die stat
daz mir sô wol geschæhe
daz ich mit vreuden sæhe   2440
mîne liebe muoter.
rîcher got vil guoter,
2615 des hâstû anders mich gewert
danne ichs an dich hân gegert.

---

87 hie *BGJKM*] all da *E, fehlt A*   88 enmac *EJKM(B)*] enchan *G Paul,* weiz *A*
92 niemer *BEGJKM*] niht *A*   93 iht *BEGKM*] *fehlt AJ Paul*   98 *BEGJKM*]
fehlt A   2605 dô *AGKM*] da *BE Paul Wolff,* daz *J*   9 diz *BEGJKM*] daz *A*
15 *EGM(J)*] mich anders *ABK*   16 ichs *GK*] ich des *A,* ich sein *E,* ich *BJM;*
hân *EG*] habe *ABJKM*

        ich gertes in mînem muote
        nâch liebe und nâch guote:
        nû hân ich si gesehen sô
2620   daz ich des niemer wirde vrô,
        wande ich si baz verbære
        danne ich ir sus heimlich wære.‹   2450
        Ich weiz wol daz Jûdas
        niht riuwiger was
2625   dô er sich vor leide hie
        danne diu zwei hie.
        ouch entrûrte Dâvît
        nihtes mêre zuo der zît
        dô im kâmen mære
2630   daz erslagen wære
        Saul unde Jônathas
        und Absalôn der dâ was   2460
        sîn sun, der schœniste man
        den wîp ze sun ie gewan.
2635   Swer ir jâmer und ir klagen
        vol an ein ende solde sagen,
        der müese wîser sîn danne ich.
        ich wæne ez wære unmügelich
        daz ez iu mit einem munde
2640   iemen vol gahten kunde.
        sich möhte vil nâch der tôt
        gemâzet haben ze dirre nôt: 2470
        den hæten si, wære er in komen,
        ze voller wirtschaft genomen.
2645   in wâren diu beide
        gesat in glîchem leide,

17 gertes *E*] gerte iz *G*, begert ez *JK*, gerte *B*, gerte des *M*, gerte des ie *A*
26 *G*] D. in zwein hie *A*, D. ouch den zwein nv hie *MK*, D. auch zway nu hye *E*,
D. ouch diu zwei nu hie *Wolff*, D. ez disen zwein gienc (: hienc) *B*, Alz ir
vernomen hand wie J, *vgl. Dittmann 115f., vermutlich steckt aber im Dativ von
AMKB ein richtiger Kern:* riuwiger *konstruiert wie* leider ? 34 *GKM(J)*] wip ie
ze svn *A Paul,* ie w. ze s. *BE* 36 *BEJKM*] Wolde an ein ende sagen *A*
38 *BEJ(K)*] Ez wære ich wæne vnmvgelich *AM* 40 *K*] wol gechte *E*, wol
gesagen *AM Paul,* gesagen *BJ* 45 *EKM(B)*] Nv waren si b. *A* 46 *M(BEK)*]
Gesamnet *A Wolff;* *AKM*] glîche *Paul E,* grozem *B*

          beidiu sêle unde lîp.
          wâ vriesch ie man oder wîp
          deheiner slahte swære
2650   diu alsô gar wære
          âne aller hande trôst?
          diu sêle entsaz den hellerôst,   2480
          sô was der lîp in beiden
          bekumbert umbe ir scheiden.
2655   ez hât geschaffet diu gotes kraft
          ein missemüete geselleschaft
          diu doch samet belîbe
          under sêle und under lîbe.
          wan swaz dem lîbe sanfte tuot,
2660   daz enist der sêle dehein guot:
          swâ mite aber diu sêle ist genesen,
          daz muoz des lîbes kumber wesen.   2490
          nû liten si beidenthalben nôt:
          daz was ein zwivaltiger tôt.
2665   Diu vrouwe ûz grôzem jâmer sprach,
          wan si den jâmer ane sach:
          ›ouwê ich vervluochtez wîp!
          jâ kumbert maniger den lîp,
          daz des diu sêle werde vrô:
2670   dem geschiht ouch alsô.
          so bewiget sich manic man und wîp
          der sêle umbe den lîp   2500
          und lebet in dirre werlde wol.
          nû enmac ich noch ensol
2675   mînem lîbe niht des gejehen
          des im ze guote sî geschehen:
          ist mir diu sêle noch verlorn,
          sô ist der heize gotes zorn
          vil gar ûf mich gevallen
2680   als den vervluochten allen.
          mich wundert, nâch der missetât

48 veriesch *K*, gevriesch *Paul B*, gehorte *A*, vernam *EJ*, ver... *M*
49.50 swære Diu *BEJKM*] mere Daz *A*   **53** Sô *BK*] Do *AJ*   **64** *EK*] zwivalter
M, zwifelhafter *ABJ*   **69** werde *BG*] ẘrde *AJ*   **71** So *BGJM*] Ja *A*   **76** sî
BEGJKM] ist *A*   **77** noch *G*] nv *ABE Paul*, nu o̊ch *JK*, euch nv *M*

81

die mir der lîp begangen hât,   2510
daz mich diu erde geruochet tragen.
sun herre, muget ir mir sagen
2685   (wan ir habet der buoche vil gelesen),
möhte aber dehein buoze wesen
über sämelich missetât,
ob des nû ist dehein rât
(des ich wol muoz getrûwen)
2690   ich enmüeze die helle bûwen,
dâ mite ich doch verschulde daz
daz si mir doch etewaz   2520
senfter sî danne maniges leben
der ouch der helle ist gegeben?‹
2695   ›Muoter‹, sprach Grêgôrius,
›gesprechet niemer mêre alsus:
ez ist wider dem gebote.
niht verzwîvelt an gote:
ir sult vil harte wol genesen.
2700   jâ hân ich einen trôst gelesen
daz got die wâren riuwe hât
ze buoze über alle missetât.   2530
iuwer sêle ist nie sô ungesunt,
wirt iu daz ouge ze einer stunt
2705   von herzelîcher riuwe naz,
ir sît genesen, geloubet daz.
belîbet bî iuwerm lande.
an spîse und an gewande
sult ir dem lîbe entziehen,
2710   gemach und vreude vliehen.
ir ensultz sô niht behalten
daz irs iht wellet walten   2540

83 *AGJKM*] rvochet *BE Wolff*   85 *GKM(B)*] W. ir der b. vil habt g. *A*, W. ir h. die bůch g. *JE*   87 *Paul*] ain sämlich *K*, semlich grosse *J*, svs gewante *MBG*, svs getane *A*, solich getane *E*, sus schämlich *Zwieržina 384, Wolff*   89 muoz *EGJM*] můsse *K*, mac *A*, mvge *B*   90 *BK*] mv́ze *MGJ*, mvz *AE*   91 *E*] Wan mit *A*, Mit der *BGJKM*   92.93 doch . . . sî *AB*] doch sei eteswaz Semfter *M(K) Wolff*, doch etswaz Senfter *GJ(E)*   97 *BGJKM*] den gebot *A*, des gotes gepot *E*   99 vil harte *GK*] harte *AJ*, vil *BE*   2701 got *BEGJK*] er *A*   12 Daz *BEGJK*] Sam *A*

durch dehein werltlich êre,
niuwan daz ir deste mêre
2715 gote rihtet mit dem guote.
jâ tuot ez wirs dem muote,
der guotes lebens wal hât
und er sich sîn âne begât,
danne ob des enbirt ein man
2720 des er teil nie gewan.
ir sît ein schuldic wîp:
des lât engelten den lîp   2550
mit tägelîcher arbeit
sô daz im sî widerseit
2725 des er dâ aller meiste ger.
sus habet in, unz er iu wer,
in der riuwen bande.
den gelt von iuwerm lande
den teilet mit den armen:
2730 sô müezet ir gote erbarmen.
bestiftet iuwer eigen,
swâ iuwer wîsen zeigen,   2560
mit rîchen klôstern (daz ist guot):
sus senftet sînen zornmuot
2735 den wir sô gar erbelget hân.
ich wil im ouch ze buoze stân:
vrouwe, liebiu muoter mîn,
diz sol diu jungist rede sîn
die ich iemer wider iuch getuo.
2740 wir suln ez bringen dar zuo
daz uns noch got gelîche
gesamene in sînem rîche.   2570
ich engesihe iuch niemer mê.
wir wæren baz gescheiden ê.
2745 dem lande und dem guote
und werltlîchem muote
dem sî hiute widerseit.‹

19 des *AGJ*] *es BK Wolff*, es deß *E*   26 *BEJK*] habt ir in *A*   34 zornmuot *B*]
zornes mut *E*, zornigen mv̂t *AGJK Paul, vgl. Leitzmann*   35 erbelget *JBGK*]
erzurnet *E*, verdienet *A*   42 *EG*] Samen *K*, Sament *BJ*, Ensamt *A*

hin tet er diu rîchen kleit
und schiet sich von dem lande
2750 mit dürftigen gewande.
    Ez wâren dem rîchen dürftigen
alle genâde verzigen, 2580
wan daz er al sîn arbeit
mit willigem muote leit.
2755 er gerte in sînem muote
daz in got der guote
sande in eine wüeste,
dâ er inne müeste
büezen unz an sînen tôt.
2760 spilnde bestuont er dise nôt.
er schûhte âne mâze
die liute und die strâze 2590
und daz blôze gevilde:
allez gegen der wilde
2765 sô rihte der arme sîne wege.
er wuot diu wazzer bî dem stege.
mit marwen vüezen ungeschuoch
streich er walt unde bruoch
sô daz er sînes gebetes phlac
2770 ungâz unz an den dritten tac.
    Nû gie ein stîc (der was smal)
nâhe bî einem sê ze tal. 2600
den ergreif der lîplôse man
und gevolgete im dan
2775 unz er ein hiuselîn gesach:
dar kêrte der arme durch gemach.
ein vischære hete gehûset dâ,
den dûhte daz niender anderswâ
daz vischen wæger wære.
2780 den bat der riuwesære
der herberge durch got.
von dem dulte er merren spot 2610
danne er gewon wære.

57 *BEGJK*] Gesandet *A*   65 der arme *BEJK(G)*] er *A*   71 *BJK*] Do gie ein
GE, Vnd gie einen *A*

als im der vischære
2785 sînen schœnen lîp gesach,
er wegete daz houbet unde sprach:
›jâ dû starker trügenære!
ob ez sô wære
daz ich der tôrheit wielte
2790 daz ich dich vrâz behielte,
sô næme dich, grôz gebûre,
der rede vil untûre,   2620
so ich hînte entsliefe und mîn wîp,
daz dû uns beiden den lîp
2795 næmest umbe unser guot.
ouwê wie übel diu werlt tuot,
daz die liute under in
duldent selhen ungewin,
sô manigen unnützen man
2800 des got nie êre gewan,
und wüestent doch die liute.
ez wære ein breit geriute   2630
ze dînen armen wol bewant:
ez zæme baz in dîner hant
2805 ein houwe und ein gart
danne dîn umbevart.
ez ist ein wol gewantez brôt
(daz dir der tiuvel tuo den tôt!)
daz dû vrâz verswendest.
2810 wie dû dîn sterke schendest!
rûme daz hûs vil drâte.‹
    Nû was ez harte spâte.   2640
dô emphie der sündære
diz schelten âne swære
2815 und mit lachendem muote.
sus antwurte im der guote:
›herre, ir habet mir wâr geseit.
swer guote gewarheit

88 ez sô J] ez nŷ so A, daz also KBE, daz diczze also G   **94.95** BJK(EG)] vns
næmest den lip Beiden A   **97.98** die liute ... Duldent EGK] die lvte ... Lident
BJ, si ... Dvltet A   **2801** doch EGJK] fehlt AB   **15** mit BEGJK] fehlt A

im selben schaffet, daz ist sin.‹
2820 guoter naht wunschte er in
und schiet lachende dan.
der wîselôse man 2650
hôrte gerne disen spot
unde lobete sîn got,
2825 der selben unwirdikeit.
swelh versmæcheit unde leit
sînem lîbe wære geschehen,
diu hete er gerne gesehen.
hete im der ungeborne
2830 grôze slege von zorne
über sînen rücke geslagen,
daz hete er gerne vertragen, 2660
ob sîner sünden swære
iht deste ringer wære.
2835 Des übelen vischæres wîp
erbarmte sich über sînen lîp.
si bedûhte des daz er wære
niht ein trügenære.
des scheltens des in der man tete
2840 umbe sîn dürfticlîche bete,
des ervolleten ir diu ougen.
si sprach: ›des ist unlougen 2670
er ensî ein guot man:
zewâre ich sihe ez im wol an.
2845 got lâze dichs niht engelten:
dû hâst getân ein schelten
daz dînem heile nâhen gât.
dû weist wol daz dîn hûs stât
den liuten alsô verre.
2850 swenne dich unser herre
dîner sælden ermande
und dir sînen boten sande, 2680
den soldestû emphâhen baz

19 *BGJK(E)*] ist ein sin *A*   20 in *EK*] im *AGJ*   22 *AGK*] Der vil w.
EJ Wolff, Der edel w. *B*   23 disen *BEGJK*] den *A*   27 *EGJK*] Da sinem *A*
32 *BEGK*] er vil gerne *A*, er jm gern *J*   43 *AE(G)*] Dis *BJK Wolff*   44 ez im
ABE] imz *GJK Wolff*

und vil wol bedenken daz:
2855 dir enkam dehein dürftige nie,
sît wir begunden bûwen hie,
wan dirre armman
der ouch niht vil dar an gewan.
swelh man sich alle tage
2860 begân muoz von bejage,
als dû mit zwîvel hâst getân,
der solde got vor ougen hân: 2690
daz tuo aber noch, daz râte ich dir.
sô helfe dir got, und gunne mir
2865 daz ich im ruofen müeze.
sîn vart diu ist unsüeze:
jâ engât er nie sô balde,
ern benahte in dem walde.
engezzent in die wolve niht,
2870 daz aber vil lîhte geschiht,
sô muoz er dâ ungâz ligen
und aller gnâden verzigen.   2700
lâ mir daz ze gewalte
daz ich in hînte behalte.‹
2875 sus gesenfte si mit güete
dem vischære sîn gemüete,
daz er ir des gunde
daz si dâ zestunde
dem wîselôsen nâch lief
2880 und daz si im her wider rief.
    Dô si in her wider gewan,
dô was dem vischenden man   2710
sîn âbentezzen bereit.
der grôzen unwirdikeit
2885 die er âne aller slahte nôt
dem edeln dürftigen bôt,
der wolde in daz wîp ergetzen
und begunde im vür setzen

---

60 von *EK*] mit *BJ*, von sinem *A*   **67** nie sô *EJ(B)*] niht *AK*   **68** Er benahte
BEJ, Er benahtet *AK*   **72** *B*] Vnd ist im a. g. v. *A*, Vnd a. g. sin v. *KE*, Sit du
im herberg hast v. *J*   **74** in hînte *Zwieržina 414*] in hinaht *BK*, im noch *A*, in
EJ Paul   **75** si *BEJ*] si in *AK*

ir aller besten spîse.
2890 die versprach der wîse,
swie vil si in genôte.
ein ranft von haberbrôte   2720
wart im dar gewunnen
und ein trunc eines brunnen.
2895 alsô sprach er wider daz wîp
daz kûme sîn sündic lîp
der spîse wert wære.
  Dô in der vischære
die kranken spîse ezzen sach,
2900 dô schalt er in aber unde sprach:
›ouwê daz ich diz sehen sol!
ja erkenne ich trügenære wol   2730
und alle trügewîse.
du enhâst sô kranker spîse
2905 dich niht unz her begangen.
ez enschînet an dînen wangen
weder vrost noch hungers nôt:
diu sint sô veiz und sô rôt.
ez engesach nie man noch wîp
2910 deheinen wætlîchern lîp:
den hâstû niht gewunnen
von brôte noch von brunnen.   2740
dû bist gemestet harte wol,
dîn schenkel sint sleht, dîn vüeze hol,
2915 dîn zêhen gelîmet unde lanc,
dîn nagel lûter unde blanc.
dîn vüeze solden unden
breit sîn und zeschrunden
als einem wallenden man.
2920 nu enkiuse ich dînen schenkeln an
deheinen val noch stôz:
si ensint niht lange gewesen blôz.   2750

92 haberbrôte *BEK(J)*] einem halben brote *A*   **93** *BEJK*] Der wart *A*
95 Alsô *EK(J)*] Do *A*, Vnd *B*   **2901** *J*] diz ansehen *A*, dich sehen *BEK*
2 *BK*] die trvgenere *A*, den trugner *J*, truge *E*   **7** vrost *AK*] durst *Wolff J(B)*,
sust *E*   **8** veiz] vaist *K*, weiz *A*, wiz *BEJ*   **14** sint *AEK*] *fehlt BJ Wolff*
20 Nu *BEJK*] Nie *A*

wie wol si des bewart sint
daz si vrost oder wint
2925 iender habe gerüeret!
sleht und unzevüeret
ist dîn hâr, und dîn lîch
eim gemasten vrâze gelîch.
dîn arme und dîn hende
2930 stânt âne missewende:
die sint sô sleht und sô wîz:
dû hâst ir anderen vlîz   2760
an dîner heimelîche
dan dû hie tuost gelîche.
2935 ich bin des âne sorgen
du enbeginnest dich morgen
dirre nôt ergetzen.
dû kanst dich baz gesetzen,
dâ dû ez veile vindest,
2940 dâ dû wol überwindest
weizgot alle dîne nôt,
dâ diz dürre haberbrôt   2770
und dirre brunne wære
dînem munde unmære.‹
2945   Dise rede emphie der guote
mit lachendem muote
und woldes geniezen wider got
daz er leit sô grôzen spot
von alsô swacher geburt.
2950 er engap im dehein antwurt
unz ûf die stunde
daz er in begunde   2780
vrâgen der mære
waz mannes er wære.
2955 er sprach: ›herre, ich bin ein man
daz ich niht ahte wizzen kan

---

24 vrost oder *EK*] vrost noh *A*, weder frost noch *B*   **29** Dîn ... dîn *BEJK*]
Die ... dine *A*   **30** âne *BEJK*] an alle *A*   **36** dich *BEJK*] *fehlt A*   **37** *BEJK*]
vergezzen *A*   **38** *BEJK*] D$\hat{\mathrm{v}}$ chanst wol baz gezzen *A*   **42** Dâ *BEJK*] Denne
A; dürre *K*] vil dúrre *JE Paul, fehlt AB*   **51** ûf *EJK*] an *AB*

minier süntlîchen schulde
und suoche umb gotes hulde
ein stat in dirre wüeste,
2960 ûf der ich iemer müeste
büezen unz an mînen tôt
vaste mit des lîbes nôt.   2790
ez ist hiute der dritte tac
daz ich der werlde verphlac
2965 und allez nâch der wilde gie.
ich enversach mich niht hie
gebiuwes noch liute.
sît daz mich hiute
mîn wec zuo iu getragen hât,
2970 sô suoche ich gnâde unde rât.
wizzet ir iender hie bî
ein stat diu mir gevellic sî,   2800
einen wilden stein oder ein hol,
des bewîset mich: sô tuot ir wol.‹
2975   Des antwurte im der vischære dô:
›sît dû des gerst, vriunt, sô wis vrô.
dêswâr ich bringe dich wol hein.
ich weiz hie bî uns einen stein,
ein lützel über disen sê:
2980 dâ mac dir wol werden wê.
swie wir daz erringen
daz wir dich dar bringen,   2810
dâ mahtû dich mit swæren tagen
dînes kumbers wol beklagen.
2985 er ist dir genuoc wilde.
wart des ie dehein bilde
daz dîn muot ze riuwe stât,
sô tuon ich dir einen ganzen rât.
ich hân ein îsenhalten
2990 nû lange her behalten:

62 des *BEJK*] der *A*   **68** Sît *ABJK*] Vnnd seyt *E Paul*   **72** mir *BEJ(K)*]
fehlt A   **75** *BEK*] Der vischere antvrte im also *AJ*, vgl. *Arnold 4, 239 (IV 7, 1)*
Ad hec piscator retulit   **84** *JK(BE)*] Diner sv̊nde *A*   **88** ganzen *JK*] gv̊ten
ABE

die wil ich dir ze stiure geben,
daz dû bestætest dîn leben   2820
ûf dem selben steine.
die sliuz ze dînem beine.
2995 geriuwet dich danne der wanc,
sô muostû under dînen danc
doch dar ûfe bestân.
ez ist der stein alsô getân,
swer joch ledige vüeze hât,
3000 daz er unsanfte dar abe gât.
sî dir nû ernest dar zuo,
sô ganc slâfen und wis vruo,   2830
dîn îsenhalten nim ze dir,
sitze an mîn schef ze mir,
3005 sô ich vor tage vischen var.
ich kêre durch dîn liebe dar
und hilfe dir ûf den stein
und behefte dir dîniu bein
mit der îsenhalten,
3010 daz dû dâ muost alten
und daz dû wærlîche
ûf disem ertrîche   2840
mich niemer gedrangest:
des bin ich gar âne angest.‹
3015 swie erz mit hônschaft tæte,
sô wâren diz die ræte
rehte als er wünschen wolde,
ob er wünschen solde.
      Nû was der unguote man
3020 harte strenge dar an
daz er im deheines gemaches
sô vil sô des obedaches   2850
in sînem hûse engunde.
sîn wîp im enkunde
3025 mit allen ir sinnen

95 wanc *BEGK*] gedanch *A Paul,* dank (: wank) *J*   **99** Swer *BG(EK)*] Der
AJ Paul; joch *K(G)*] ouch *AE,* doch *J, fehlt B*   **3016** diz die *JK*] daz die *B,*
diese *E,* im die *A*   **18** Ob er *JK*] Ob erz *BE,* Alde *A*   **20** Harte *BEGJK*] Vil
harte *A*

daz niht an gewinnen
daz er dar inne wære beliben.
er wart en hundes wîs ûz getriben
an den hof vür die tür.
3030 dâ gie er vrœlichen vür.
      Des nahtes wart er geleit   2860
wider sîner gewonheit
in ein sô armez hiuselîn
daz ez niht armer enmöhte sîn:
3035 daz was zevallen, âne dach.
man schuof dem vürsten selh gemach
der vil gar unmære
sînem aschman wære.
er vant dar inne swachen rât,
3040 weder strô noch bettewât:
im truoc daz guot wîp dar in
ein lützel rôres under in.   2870
dô leite er gehalten
sîne îsenhalten
3045 und sîne tavele dar zuo,
daz er si vunde morgen vruo.
      Wie lützel er die naht lac!
sînes gebetes er phlac
unz in diu müede übergie.
3050 dô er ze slâfe gevie,
dô was ez nâhen bî dem tage.
dô vuor der vischære nâch bejage,
dar zuo was er vruo bereit
nâch sîner gewonheit.
3055 nû ruofte er sînem gaste:
dô slief er alsô vaste,
als ez von grôzer müede kam,
daz er sîn rüefen niht vernam.
dô ruofte er im anderstunt,

28 ûz *AGJ*] *fehlt BEK Wolff*   35 *BEJK*] bevallen *A*   37 Der] Daz *ABEJK*
38 wære *BEJ*] gewesen wære *A(K)*   41 dar in *BEK*] hin *A*, da hin *J*
42 under in *EK*] darvnder in *B*, dar in *AJ*, *vgl. Arnold 4, 314 (IV 8, 38)* ei
substerni *(so die Hs.!)*   46 si *BEGJK*] *fehlt A*   47 lac *AEG*] gelac *BJK Wolff*
52 nâch *BEGJK*] nach dem *A*   53 *BEGJK*] gereit *A*

92

3060 er sprach: ›mir was ê wol kunt
daz disem trügenære
der rede niht ernest wære.   2890
ich engerüefe dir niemer mê.‹
alsus gâhte er zuo dem sê.

3065   Dô diz daz guote wîp ersach,
si wahte in ûf unde sprach:
›wiltû varen, guot man,
sich, dâ sûmestû dich an.
mîn wirt wil varen ûf den sê.‹

3070 dô enwart niht gebiten mê.
er vorhte im grôzer swære,
daz er versûmet wære;   2900
dâ wider wart er dô
sînes muotes harte vrô,

3075 daz er in solde vüeren hin
als er gelobete wider in:
diu liebe und diu leide
die macheten im beide
ze sînem gâhenne daz

3080 daz er der tavele vergaz
die er zallen zîten
truoc bî sîner sîten.   2910
die îsenhalten truoc er dan
unde gâhte nâch dem man.

3085   Er ruofte durch got daz er sîn bite.
alsus vuorte er in mit unsite
ûf jenen wilden stein.
dâ beslôz er im diu bein
vaste in die îsenhalten.

3090 er sprach: ›hie muostû alten.
dich envüere mit sînen sinnen
der tiuvel von hinnen,   2920

---

60 ê *EGK*] ovh ê *A*, vil *B, fehlt J*   **65** diz *BJK(G)*] daz *A, fehlt E*   **68** Sich
BEGK] *fehlt AJ*   **70** niht *BEJK(G)*] da niht *A*   **73** wider *BEK(J)*] *fehlt A;*
dô *BEK*] aber do *A Wolff*   **78** macheten *BEGJK*] mohte *A*   **79.80** *BEGJK*]
Daz er der tavelu vergaz Von sinem gahen geschah im daz *A*   **81** zallen
BEGJK] zaller *A*   **85** ruofte *EJ(BK)*] bat in *A*   **86** mit unsite *BEJK*] mite *A*
87 jenen *Lachmann*] einen *AEGJK*, den *B*   **91** sînen *EGJ*] *fehlt ABK*

                du enkumest hin abe niemer mê.‹
                den slüzzel warf er in den sê,
3095   er sprach: ›daz weiz ich âne wân,
                swenne ich den slüzzel vunden hân
                ûz der tiefen ünde,
                sô bistû âne sünde
                unde wol ein heilic man.‹
3100   er lie in dâ und schiet er dan.
                    Der arme Grêgôrius,
                nû beleip er alsus   2930
                ûf dem wilden steine
                aller gnâden eine.
3105   er enhete andern gemach,
                niuwan der himel was sîn dach.
                er enhete deheinen scherm mê
                vür rîfen noch vür snê,
                vür wint noch vür regen
3110   niuwan den gotes segen.
                im wâren kleider vremede,
                niuwan ein hærîn hemede: 2940
                im wâren bein und arme blôz.
                er enmöhte der spîse die er nôz,
3115   als ich iu rehte nû sage,
                weizgot vierzehen tage
                vor dem hunger niht geleben,
                im enwære gegeben
                der trôstgeist von Kriste
3120   der im daz leben vriste,
                daz er vor hunger genas.
                ich sage iu waz sîn spîse was: 2950
                ez seic ûz dem steine
                wazzers harte kleine.
3125   dar under gruop er ein hol,
                daz wart mit einem trunke vol.

93 hin abe *BGK*] hye ab *E*, her ab *J*, ab den vnden *A*   **97** *EG(K)*] Vz den t.
vnden *B*, Vf dirre t. vnde *A(J)*   **3110** *fehlt A*, N. dez g. s. *B*, Nur (Nu *J*) den g.
s. *EJ*, Denne numen getofften s. *K*   **11** *EJK*] *fehlt A*, Im w. die cl. fr. *G*
15 rehte *BEGK*] *fehlt AJ*   **19** Der trôstgeist *K*] Zw trost der gaist *E*, Der trost
ABJ, Der gaistleich vater *G*   **23** dem *BEGK*] einem *AJ*

ez was sô kleine daz ez nâch sage
zwischen naht unde tage
vil kûme vollez geran.
3130 daz tranc der gnâdelôse man.
sus lebete er sibenzehen jâr.
daz dunket manigen niht wâr: 2960
des gelouben velsche ich.
wan gote ist niht unmügelich
3135 ze tuonne swaz er wil,
im ist deheines wunders ze vil.
    Dô der gnâden eine
ûf dem wilden steine
sibenzehen jâr gesaz
3140 unde got an im vergaz
sîner houbetschulde
unz ûf sîne hulde,   2970
dô starp, als ich ez las,
der dô ze Rôme bâbest was.
3145 alse schiere er starp,
ein ieglich Rômære warp
besunder sînem künne
durch des guotes wünne
umbe den selben gewalt.
3150 ir strît wart sô manicvalt
daz si beide durch nît
unde durch der êren gît   2980
bescheiden niene kunden
wem si des stuoles gunden.
3155   Nû rieten si über al
daz si liezen die wal
an unseren herren got,
daz sîn genâde und sîn gebot

27 sô *BEJK] fehlt AG;* daz ... sage *BEJK*] als ich iv nv s. *A,* daz ich ez s. *G*
28 *GJK(BE)*] Daz ez zwischen *A* **32** Daz *BEJK*] Ez *A,* Diczze *G* **37** gnâden
BJK] gnadner *E,* gnadeloser man *A* **40** im v. *BEJK*] im nihtes v. *A* **41** *EJK*]
hovbthafiger sch. *A,* grozer sch. *B* **45** *Paul*] er erstarp *B,* er do st. *A,* do er st.
J Wolff, das er st. *EG,* alz er st. *K* **46** warp *BEK(G)*] do warp *AJ* **48** des
guotes *JK*] die gotes *AE Paul,* der (die *B*) welt *BG* **50** Ir *BEGJK*] Der *A*
55 *BEJK*] Do gerieten *A* **56** Daz *BEJK] fehlt A*

erzeicte wer im wære
3160 guot ze rihtære.
dienstes si im gedâhten
daz si ouch volbrâhten 2990
mit almuosen und mit gebete.
got dô genædeclichen tete
3165 der ie der guoten vrâge riet.
eines nahtes er beschiet
wîsen Rômæren zwein,
an den sô volleclichen schein
diu triuwe und diu wârheit
3170 daz ir wort was ein eit.
    Dâ si besunder lâgen
und ir gebetes phlâgen, 3000
diu gotes stimme sprach in zuo
daz si des næhsten tages vruo
3175 Rômære zesamene bæten
und in daz kunt tæten
waz gotes wille wære
umbe ir rihtære.
ez wære gesezzen eine
3180 ûf einem wilden steine
ein man in Equitâniâ
(den enweste nieman dâ) 3010
vol sibenzehen jâr:
ze dem wære vür wâr
3185 der stuol vil wol bewant
und wære Grêgôrius genant.
daz erz in beiden tete kunt,
daz meinde daz eines mannes munt
niht enmac erziugen wol
3190 swaz grôze kraft haben sol.

---

59 im *AE*] in *BK Wolff,* er *J*   **62** ouch *EJK*] im *A,* wol *B*   **65** *B(K)*] Der ie
daz gv̂te riet *A,* Der ie vnd ie daz best riet *J,* Der ir der gutten ein geriet *E*
68 sô *AEJK*] *fehlt B Wolff*   **70** wort *BEJK*] rede *A*   **71** Dâ si *BJK*] Da diese
E, Die *A*   **75** Rômære *K*] Die romere *ABEGJ Paul, vgl. v. 3201: dort ABK
ohne, EJ mit Artikel*   **78** Umbe *BEGJK*] Vber *A*   **82** *BEGJK*] niemen
weste *A*   **83** vol *A*] wol *BEGJK Paul*   **87** erz in *BEJ*] er in *K,* er in (*korr. zu
inz) A*   **89** *BEJK*] mohte erzeigen *A*

Nu enweste ir deweder niht
umbe dise geschiht 3020
daz in diu rede beiden
des nahtes wart bescheiden,
3195 unz si zesamene kâmen
und ez under in vernâmen.
und als si getâten
als si vernomen hâten,
dô einer sîne rede gesprach
3200 und der ander mite jach,
do geloubten Rômære
vil gerne disiu mære: 3030
ze gote wâren si vil vrô.
die alten herren wurden dô
3205 ze boten beide gesant
in Equitâniam daz lant,
daz si den guoten man
suochten und bræhten in dan.
Nû bekumberte si daz:
3210 der stein dâ er ûfe saz
der enwart in niht benant.
mit zwîvel vuoren si in daz lant. 3040
dâ gevorschten si genuoc,
swar si ir wec truoc:
3215 nu enkunde in nieman gesagen.
daz begunden si von herzen klagen
dem der in beruochet
der gnâde an in suochet.
nu gesande in got in ir sin,
3220 solden si iemer vinden in,
daz man in danne müeste
suochen in der wüeste. 3050
sus begunden si gâhen,
dâ si daz gebirge sâhen,

92 dise *BK*] dise groze *A*, dy selben *E*, dez andren *J*   **99** einer *BEJK*] iener *A*
3208 br. in *AJ*] br. *K*, in br. *(E) Wolff*   **9** Nû *EJK*] Do *AB*, *fehlt G*   **11** *EK*]
Der w. in n. genant *BJ(G)*, Dern was in n. bechant *A*   **14** *BK*] Swâ *(EGJ)*, Vnd
fŭrn swar *A*   **17** in b. *BJK*] ie berŭchte (: sŭchte) *A*, gern geruchet *E*   **19** Nu
BEGJK] Vnd *A*

3225 in die wilde zuo dem sê.
der zwîvel tet in harte wê
daz si niht wizzen kunden
wâ si in vunden.
 Dô wîste si diu wilde
3230 ze walde von gevilde.
sus vuor diu wegelôse diet,
als in ir gemüete riet, 3060
irre unz an den dritten tac.
einen stîc âne huofslac
3235 den ergriffen si dô:
des wurden si vil vrô.
der grasige wec ungebert
der truoc si verre in einen wert,
dâ der vischære bî dem sê
3240 saz, dâ von ich iu sagete ê,
der den sælderîchen
sô ungezogenlîchen 3070
in sînen dürften emphie
und die übele an im begie
3245 daz er in durch sînen haz
sazte, dâ er noch saz,
ûf den dürren wilden stein
und im dâ sîniu bein
slôz in die îsenhalten.
3250 dô die zwêne alten
daz hiuselîn gesâhen,
ze sælden si des jâhen 3080
daz si dâ nâch ir unmaht
geruowen müesen die naht.
3255 Gevüeret hâten si mit in
die spîse (daz was ein schœner sin)
der sie bedorften zuo der nôt,
beidiu wîn unde brôt

26 harte BEGK] fehlt AJ   28 in BK] den gv̊ten A, ir herren (GJ) Paul, fehlt E
36 wurden AJ] waren BEGK Paul; vil BEK] vil harte A Wolff, do G, fehlt J
44 an im BEGK(J)] fehlt A   46 noch EGJK] fehlt A   49 Slôz EJK(G)]
Sazte A   53 EJ] anmacht K, vngemach B, macht A   56 Die EK] Dise A,
fehlt BJ; schœner EJK] gvot B, fehlt A   57 zuo der AEJ] ze BK Paul

und dar zuo swaz in tohte
3260 daz man gevüeren mohte.
des emphie der vischære
mit vreuden âne swære   3090
die wol berâten geste.
er sach wol unde weste
3265 er möhte ir wol geniezen:
des enwolde in niht verdriezen,
er enschüefe in rîchen gemach,
wande er si wol berâten sach.
daz tet er mêre umbe ir guot
3270 dan durch sînen milten muot.
er emphie si baz dan den gast
dem des guotes gebrast,   3100
Grêgôrium den reinen man:
in dûhte da enwære niht nutzes an.
3275   Dô si gewunnen guoten gemach,
der vischære zuo den gesten sprach:
›mir ist harte wol geschehen,
sît ich hie solde gesehen
alsô guote liute:
3280 ich hân gevangen hiute
einen harte schœnen visch.‹
sus wart er ûf einen tisch   3110
vür die herren geleit.
nu enhâte er niht misseseit:
3285 wande er was lanc unde grôz,
des er vil gerne genôz
an den phenningen.
dâ wart ein kurzez dingen:
si hiezen in im gelten sâ.
3290 nû bâten si in dâ
den wirt selben gellen.
do begunde er in zevellen,   3120

60 *BEJK*] Swaz *A*   61 *BEK*] Desen *A*, Do *G*, Die *J*   67 rîchen *EJK*] gvot *B*,
ringen *A*   71 Er *BEJK*] Erne *A*   73 reinen *BEJK*] gŷten *A*   84 Nu *BEGJK*]
Do *A*   90 *AJ*] Vnnd patten in da *EK Paul*, Vnd b. in den wirt da *B*, Vnd p. den
vischer da *G*   92 Do *BK*] Nŷ *A*

99

daz si ez alle sâhen an.
dô vant der schatzgîre man
3295 den slüzzel in sînem magen,
von dem ir ê hôrtet sagen,
dâ er Grêgôrium mite
beslôz mit unsüezem site
vor sibenzehen jâren ê
3300 unde warf in in den sê
und sprach, ze swelher stunde
er den slüzzel vunde
ûz des meres ünde,
sô wære er âne sünde.
3305 dô er in in dem vische vant,
dô erkande er sich zehant
wie er getobet hâte
und vie sich alsô drâte
mit beiden handen in daz hâr.
3310 ich hete im geholfen vür wâr,
und wære ich im gewesen bî,
swie erbolgen ich im anders sî.

 Dô er sich geroufte genuoc
und sich zen brüsten gesluoc,
3315 dô vrâcten in die herren
waz im möhte gewerren,
dô si in sô tiure sâhen klagen.
nu begunde er in vil rehte sagen
um Grêgôrium sînen gast,
3320 daz in des mæres niht gebrast.
ich wæne ez unnütze wære,
ob ich daz vorder mære
iu nû aber anderstunt
mit ganzen worten tæte kunt:

   3130

   3140

   3150

94 der *BEGJK*] *fehlt A* **97.98** Da er gr. mit besloz Sine vnsite waren groz *A*
97 *JK*] Vnd da er gr. mit *G,* Da er gr. beslosse mitte *E,* Da gregorius gesloz
mitte *B* **98** *GK*] B. mit zornigem s. *J,* Mit vnsuzen s. *E,* Mit sinem unsvezen
s. *B* **3299.300** *fehlt A* **3299** *BGJK*] Von xvii j. den er ee *E* **3300** Unde w.
in *G*] Vnd w. in da *B;* Vnd er jnn w. *J,* Vnd w. den schlüssel *K,* Hett ge-
worffen *E* **8** Und *BEGJK*] Er *A* **11** Und *BK*] *fehlt A Paul*

3325 sô machte ich ûz einer rede zwô.
     die boten wurden harte vrô,
     wan si spürten an dem mære
     daz ez der selbe wære
     an den in got selbe riet
3330 und in ze bâbest beschiet.
        Dô er in beiden gelîche
     alsô offenlîche   3160
     sîne bîhte getete,
     ir vüeze suochte er mit bete,
3335 daz si im etelîchen rât
     tæten vür die missetât.
     dô si den grôzen riuwen
     mit geistlîchen triuwen
     gesâhen an dem armen,
3340 nu begunde er si erbarmen
     und gehiezen si im daz,
     er möhte vil deste baz   3170
     komen von sînem meine,
     ob er si zuo dem steine
3345 des morgens wolde wîsen.
     nû sâhen im die grîsen
     diu ougen über wallen,
     die heizen zäher vallen
     über sînen grâwen bart.
3350 er sprach: ›waz touc uns diu vart?
     vil wol wîse ich iuch dar:
     die vart verliese wir gar.   3180
     ich weiz wol, erst nû lange tôt.
     ich lie in in maniger nôt
3355 ûf dem wilden steine:

25 *AB*] macht ich vch vss *K*, wurden *E Wolff* **29** in *BEJK(G)*] *fehlt A*
32 offenliche *BEJK*] bescheidenliche *A* **35** etelichen *BEJK*] zitenlichen *A*
36 *J*] Geben *BEK*, Rieten *A* **37** den ... riuwen *BEK Paul*] in ... rewen
(veränderter Kontext) G, die ... riwe *korr. aus* riwen *A*, die ... riuwe *Wolff*, daz
... riuwen *Lachmann Neumann* (riuwe *bei Hartmann nur als st. Fem. sicher
belegt*) **38** *BEGK*] geistlichen triwe *A*, geistlîcher triuwe *Wolff*
40 *Lachmann*] begundez si *A*, begunde sis *B*, begund er sich *E*, gůnden sich *G*,
begondent sy sich *K* **46** im die *BK*] in die *AEG*, si dem *J* **50** uns diu *BEK*]
vnser *G*, div *A*, vch die *J* **52** gar *BEGJK*] vil gar *A*

101

hæte er der niuwan eine,
ez enmöhte dehein lîp erwern.
ir endürfet dingen noch gern
daz wir in lebenden vinden:
3360 enwære er von kalten winden
und von vroste niht verderbet,
der hunger hete in ersterbet.‹
nu erkanden si den gotes gewalt
sô starken und sô manicvalt,
3365 ob er sîn geruochte phlegen,
daz in harte wol sîn segen
gevriste vor aller vreise.
ûf die kurzen reise
sô wart er tiure gemant:
3370 die gelobete er in ze hant.
    Des morgenes vil vruo
kêrten si dem steine zuo.
dô si mit arbeiten
die boume zuo bereiten
3375 daz si ûf den stein kâmen
und des war nâmen
wâ Grêgôrius wære,
der lebende marterære:
ein harte schœne man
3380 dem vil lützel iender an
hunger oder vrost schein
oder armuot dehein,
von zierlîchem geræte
an lîbe und an der wæte,
3385 daz niemen deheine
von edelem gesteine,
von sîden und von golde

56 *Danach:* Der er vil manige mit vnratt Da auff den stein erlitten hatt
E Lachmann **58** *EJK*] gedingen noh *A*, der dinge niht *B* **66** *Lachmann*]
Daz im h. w. s. s. *K*, Daz er in h. w. s. s. *A*, Daz er in hete in seinem s. *G*, Daz in
sin gotlicher s. *B*, Daz vast wol s. s. *J* **71** vil *EJ*] fehlt *B*, gar *G*, sy vil *K*,
fůren si vil *A* **72** *BE*] K. dem st. zů *K*, Cherten si dem wilden zů *G*, Fůren si
zů der wilden flů *J*, Dem wilden st. zů *A*, K. si dem wilden st. zuo *Paul*
79 *KJ(E)*] Einen harte schonen *A Wolff* **81** *J(EK)*] Dehein hvnger *A*

bezzer haben solde,
wol ze wunsche gesniten,
3390 der mit lachenden siten, 3220
mit gelphen ougen gienge
und liebe vriunt emphienge,
mit goltvarwen hâre,
daz iuch in zewâre
3395 ze sehenne luste harte,
mit wol geschornem barte,
in allen wîs alsô getân
als er ze tanze solde gân,
mit sô gelîmter beinwât
3400 sô si zer werlde beste stât, 3230
den envunden si niender dâ:
er mohte wol wesen anderswâ.
Ich sage iu waz si vunden.
do si suochen begunden
3405 ûf dem wilden steine,
der guote und der reine
der wart ir schiere innen.
nû wolde er in entrinnen,
wan sîn schame diu was grôz:
3410 er was nacket unde blôz. 3240
nu enmohte er niht loufen drâte,
wande er gebende hâte
an ietwederem beine.
er viel zuo dem steine:
3415 sus wolde er sich verborgen hân.
dô er si sach zuo im gân,
dô brach er vür die schame ein krût.
sus vunden si den gotes trût,
einen dürftigen ûf der erde,
3420 ze gote in hôhem werde, 3250
den liuten widerzæme,
ze himele vil genæme.

95 *EJ*] gelûste *A*, die lúste *K*   97 alsô *EK(J)*] wol *A*   3400 *EK*] So die welt
beste vand (: gwand) *J*, *fehlt A*   11 *BEGJK*] Erne mohte niht *A*   17 vür
BEGJK] vf *A*   22 Ze *EGJK*] Ze dem *A*

103

Der arme was zewâre
erwahsen von dem hâre,
3425 verwalken zuo der swarte,
an houbet und an barte:
ê was ez ze rehte reit,
nû ruozvar von der arbeit.
ê wâren im diu wangen
3430 mit rœte bevangen   3260
mit gemischeter wîze
und veiz mit guotem vlîze,
nû swarz und in gewichen,
daz antlütze erblichen.
3435 ê wâren im vür wâr
diu ougen gelph unde klâr,
der munt ze vreuden gestalt,
nû bleich unde kalt,
diu ougen tief trüebe rôt,
3440 als ez der mangel gebôt,   3270
mit brâwen behangen
rûhen unde langen;
ê grôz ze den liden allen
daz vleisch, nû zuo gevallen
3445 unz an daz gebeine:
er was sô glîche kleine
an beinen und an armen,
ez möhte got erbarmen.
Dâ im diu îsenhalte lac
3450 beidiu naht unde tac,   3280
dâ hete si im ob dem vuoze
daz vleisch harte unsuoze
unz an daz bein vernozzen,

---

24 *JK*] Verwahsen *B*, Erwaschen *AE*   **25.26** *vertauscht A*   **25** Verwalken *BK*]
Veruallen *E*, Erwaschen *A*, Vnd ŏch *J*   **32** Vnd vaisset m. g. fl. *K*, Vnnd hieß
m. g. vl. *E*, Vnd gestrichen ze fl. *B*, Geschaffen nach allem fl. *J*, Mit
werdechlichem vl. *A*, *vgl. Neumann z. St., aber syntaktisch wäre eher ein Part.*
Perf. Pass. ohne und *zu erwarten, wohl von einem seltenen, daher entstellten*
Verbum: Underwieret, Gefeitet, Gevêhet *o.ä.?*   **39** *K*] t. t. vnd r. *A Paul*, t.
vnnd t. r. *E*, tief vnd rot *BJ*   **43** Ê *Lachmann*] *fehlt ABEJK*   **44** nû *E*] *fehlt*
AJK(B)   **48** got *BEJK*] *fehlt A*   **50** *BEJK*] tag vnd nac *A*

	sô daz si was begozzen	
3455	mit bluote zallen stunden	
	von den vrischen wunden.	
	daz was sîn swerendiu arbeit,	
	âne ander nôt die er leit.	
	ich gelîche in disen sachen,	
3460	als der ein lîlachen	3290
	über dorne spreite:	
	man möhte im sam gereite	
	allez sîn gebeine	
	grôz unde kleine	
3465	haben gezalt durch sîne hût.	
	swie sêre der gotes trût	
	an dem lîbe wære	
	verwandelt von der swære,	
	nû was der heilige geist	
3470	dar an gewesen sîn volleist	3300
	alsô ganzlichen	
	daz im niht was entwichen,	
	er enhæte sîn alten	
	kunst unz her behalten	
3475	von worten und von buochen.	
	die in dâ vuoren suochen,	
	als in die hâten gesehen,	
	als ich iu nû hân verjehen,	
	des lîbes alsô armen,	
3480	do begunde er in erbarmen	3310
	sô sêre daz der ougen vlôz	
	regens wîs ir wât begôz.	
	si beswuoren in bî gote	
	und bî sînem gebote	
3485	daz er si wizzen lieze	
	ob er Grêgôrius hieze.	
	dô er sô tiure wart gemant,	
	dô tet er in bekant	

54 *EK*] So daz im waz *G,* Daz si waz *B,* Daz si waren *J,* Als ez wære *A*
57 *EK*] sweri *J,* swærstiv *AB*   **62** im *EJ*] nü *K,* in *A*   **82** ir wât *BJK(EL)*] div
ovgen *A*

daz erz Grêgôrius wære.
nû sageten si im diu mære,
war umbe si ûz wæren komen,
als ir ê habet vernomen,
als in des nahtes beiden
von gote wart bescheiden,
3495 daz er in hæte genant,
selbe erwelt und erkant
und ze rihtære gesat
hie en erde an sîn selbes stat.
    Als er die botschaft vernam,
3500 wie nâhen ez sînem herzen kam! 3330
dô sancte der gotes werde
daz houbet zuo der erde.
mit manigen trahen er sprach,
daz er si nie an gesach:
3505 ›sît ir kristen liute,
sô êret got hiute
und gât vil drâte von mir,
wande ich der êren wol enbir
daz mir diu gnâde iht geschehe
3510 daz ich iemen guoter ane sehe 3340
mit so süntlîchen ougen.
gote enist daz niht tougen:
mîn vleisch ist sô unreine
daz ich billich eine
3515 belîbe unz an mînen tôt.
daz mir der êwigen nôt
diu sêle über werde,
daz koufe ich ûf der erde.
wære ich bî in hiute,
3520 ez müesen guote liute 3350
engelten mîner missetât,
sô hôhe sô mîn schulde stât.

---

91 *EGK*] waren *ABJL*   92 ê *BJK*] wol *A*, ee des offt *E*, da vor wol *L*, ez wol
(veränderter Kontext) G   3503 *AEGJK*] manigem *BL Wolff, vgl. v. 709;* er
JKL] er do *AG Paul,* vnd *BE*   4 *BEGJKL*] an nie *A Paul*   14 *BEJKL*] vil
billich *A*   18 *BKL*] kôft *JA,* lauff *E*   20 Ez *BEJKL*] So *A*

sô möhte boum unde gras
und swaz ie grüenes bî mir was
3525 dorren von der grimme
mîner unreinen stimme
und von der unsüeze
mîner baren vüeze.
daz der süezen weter gruoz
3530 dâ von diu werlt gestân muoz   3360
und diu heimlîche linde
von regen und von winde
mir sint alsô gemeine
als ob ich wære reine,
3535 daz der liehten sunnen schîn
sô diemüete geruochet sîn
daz er mich volleclichen an
schînet als einen man,
der gnâden wære mîn vleisch unwert.
3540 daz ir mîn ze meister gert,   3370
daz ist ein erdâhter spot.
ich hân umbe unsern herren got
verdienet leider verre baz
sînen zornlîchen haz
3545 dan daz er an mich kêre
die gnâde und die êre
die ein bâbest haben sol.
man enbirt mîn ze Rôme wol:
iu wære ze mir niht wol geschehen.
3550 muget ir doch mînen lîp sehen?   3380
der ist sô ungenæme,
den êren widerzæme.
wart mir ie herren vuore kunt,
der ist vergezzen ze dirre stunt.
3555 ich bin der liute ungewon,

---

29 *Lachmann*] D. d. weter gr. *A,* Und daz d. süezen (süsse *K*) w. gr. *K Wolff,*
Vnnd des susse weters gr. *E,* Vnd von dem vnsvezen weterz gr. *B*   **34** ob *AK*]
tilgt Wolff   **35** Daz *JKL*] Vnd *AB Paul, fehlt E;* liehten *BJL(E)*] liehte
AK Paul   **36** *JL*] rvochit *B Wolff,* gervhte *A,* rǔchte *K*   **38** *EJKL(B)*]
Schin *A*   **43** verre *BEGJKL*] *fehlt A*   **52** Den *BJKL(E)*] Der *A*

den bin ich billichen von.
ir herren, nemet selbe war,
mir sint verwandelt vil gar
der sin, der lîp und die site
3560 die dem von rehte wonent mite   3390
der grôzes gewaltes phlegen sol:
ich enzime ze bâbest niht wol.
vil sæligen liute,
nû lât mir daz hiute
3565 ze einem heile sîn geschehen
daz ir mich hie habet gesehen
und geruochet iuch erbarmen
über mich vil armen
und gedenket mîn ze gote.
3570 wir haben von sînem gebote,   3400
swer umbe den sündære bite,
dâ lœse er sich selben mite.
nu ist zît daz wir uns scheiden:
waz vrumet iu daz beiden?
3575 ir vreut an mir des tiuvels muot.
mîn kurzwîle ist alze guot.
ich bûwe hie zewâre
in dem sibenzehenden jâre,
daz ich nie menschen gesach.
3580 ich vürhte, diu vreude und der gemach   3410
diu ich mit rede mit iu hie hân,
ich müeze ir ze buoze stân
vor im der deheine missetât
ungerochen niene lât.‹
3585   Sus stuont er ûf und wolde dan.
do beswuoren in die zwêne man
alsô verre bî gote

59 und *JKL*] dar zu *E, fehlt AB*   **62** ze bâbest *EGJKL*] iv ze *babist A*, ze
babesti (= babest iv *?*) *B*   **75** *BKL(J)*] Daz ir vrivt *A*, Sus frewt ir *E*   **77** *J*]
Joch (Ja *K*, Nu *L*) buwe ich hie *BKL*, Ich bin gesezzen hie *A*, Ja wane ich hye *E*,
Ich pin hie *G*   **79** *BJK(EG)*] m. me gesach *AL*   **80** diu *ABEGKL Paul*] *fehlt*
J Wolff; der] daz *ABEKL*, den *G, fehlt J*   **81** mit iu hie *EK*] hie mit vch *L*, nv
mit eŵ *G*, hie wider ivh *A*, mit vch *BJ*   **82** *EJK(L)*] Dez mvoz ich ze b. st. *BG*,
Ze b. mv̈ze ich ir gestan *A*   **83** *BEKL*] Von *AJ*   **86** Do *BEJKL*] Nv̈ *A*

und bî sînem vorhtlîchen gebote
daz er doch stille gesaz
3590 und hôrte ir rede vürbaz.   3420
nu buten si im beide
mit triuwen und mit eide
der rede selhe sicherheit
diu im dâ was vür geleit
3595 daz er si geloubete baz.
er sprach: ›ich was ein vollez vaz
süntlîcher schanden,
dô ich mit disen banden
bestatet wart ûf disen stein,
3600 diu ir hie sehent um mîniu bein.   3430
[diu ich hie trage mit sorgen.
dô wart alsus geborgen
der slüzzel dâ mit ich dar in
alsô vaste versperret bin:
3605 der wart geworfen in den sê.
der in dar warf der sprach niht mê,
wan sô er in vünde,
sô wære ich âne sünde.]
nu ist niemens sünde alsô grôz,
3610 des gewalt die helle entslôz,   3440
des gnâde ensî noch merre.
ob got unser herre
mîner manigen missetât
durch sînen trôst vergezzen hât
3615 und ob ich reine worden bin,
des muoz er uns drin
ein rehtez wortzeichen geben

---

88 bî *ABJL] fehlt EK Wolff*   **94** *EKL(J)*] vůr was *AB*   **95** Daz *BEJKL]* Do
A; si g. *K]* si do g. *A,* in g. dester *E,* in do g. *J,* ez in do g. *L,* g. da *B*
98 *BEJKL]* Die *A*   **99** *B]* Beståt *J,* Gestattet *A,* Gestettet *KL,* Geseczt *E,*
Gestetent *Zwieržina 414, Wolff*   **3601-08** *E] fehlt ABJKL(G) sowie Arnold, für
Echtheit mit Hinweis auf die frz. Vorlage B. Herlem-Prey, Le Gregorius et la Vie
de Saint Grégoire, Göppingen 1974, S. 304 (die Interpunktion wäre dann so zu
ändern: hinter 3597 Punkt, hinter 3600 Komma)*   **5** Der *E]* Er *Paul*   **10** die
JKL(B)] der die *AE*   **11** ensî *Neumann, Wolff S. XXXV]* sî *BKL Wolff im Text,*
sin *A Paul,* sind *E,* ist *J*

109

oder sich muoz mîn leben
ûf disem steine enden.
3620 er muoz mir wider senden
den slüzzel dâ mit ich dâ bin
sus vaste beslozzen in
oder ich gerûmez niemer hie.‹
　　Nû viel der vischære an diu knie
3625 mit manigen trahen vür in,
er sprach: ›vil lieber herre, ich bin
der selbe sündige man
der sich verworhte dar an.
ich arme verlorne
3630 ich emphie iuch mit zorne.
diz was diu wirtschaft die ich iu bôt:
ich gap iu schelten vür daz brôt,
ich schancte iu ze vlîze
mit manigem itewîze.
3635 sus behielt ich iuch ennaht
mit unwirde und mit grôzem braht.
alsus bin ich worden alt
daz ich der sünde nie engalt.
ez ist der sêle noch gespart:
3640 ichn genieze danne dirre vart
die ich her mit triuwen hân getân,
sô sol ichs vol ze buoze stân.
darnâch volgte ich iuwer bete,
wan daz ichz in hônschaft tete:
3645 ich brâhte iuch ûf disen stein.
alsus beslôz ich iuwer bein
und warf den slüzzel in den sê.
ichn gedâhte an iuch niemer mê
unz gester mîn sündigiu hant

19 *AJ*] verenden *BEGKL Paul*　　**25** manigen *AE*] mengē *JK*, manigem
GBL Wolff, vgl. v. 709　　**29** arme *B(GK)*] arm man *AL*, armer mensch *E*,
armer vnd ich *J, vgl. Iwein 4139*　　**30** Ich *GJK*] *fehlt ABEL*　　**35** *B₂*] ein nacht
B₁EKL Paul Wolff, div naht *A*, v́ber nacht *J*　　**41.42** *Zwieržina 414*] han getan
So (Vnd *G*) sol ich sin *(fehlt JK)* wol *(fehlt BEG)* z. b. st. *BEGJKL*, han Nͮ
anderstͮnt getan *A*　　**43** *J*] D. erfult ich *EBKL*, Ich volgte leider *A*　　**44** in
BEJL] mit *A*

110

den slüzzel in einem vische vant.
daz sâhen die herren wol,
ob ichz mit in erziugen sol.‹
Er entslôz die îsenhalten.
dô teilten die alten
3655 mit im ir phäflîchiu kleit;
und als er an wart geleit,
dô vuorten si mit in dan
disen sündelôsen man
ab dem wilden steine.
3660 nû was vil harte kleine 3490
sînes armen lîbes maht.
nû beliben si die naht
mit dem vischære.
des jâmer was vil swære:
3665 er suochte buoze unde rât
umbe die grôzen missetât
die er vor an im begie,
do er in sô hœnlîche emphie.
nû wuosch diu grôze triuwe
3670 und diu ganze riuwe 3500
und der ougen ünde
den vlecken sîner sünde,
daz im diu sêle genas.
Dannoch dô Grêgôrius was
3675 in der sünden gewalt,
als iu dâ vor was gezalt,
dô er von sînem gewalte gie
und in der vischære emphie
in sînem hûs sô swache
3680 und in mit ungemache 3510
des nahtes beriet,

---

51 die *AK*] dise *BEJ Paul,* mine *L, vgl. Arnold 4, 941 (IV 24, 29)* hi domini
57 *K*] Do f. si in mit in d. *EL,* Vnd f. in mit in d. *B,* Vnd f. mit in. . . von dan *J,*
Mit in f. si dan *A Paul* **58** *BEJKL*] Den *A* **65** Er *BEGJKL*] Vnd *A* **67** vor
EJK] da vor *ABL* **68** sô *BEJKL*] *fehlt A* **69** wuosch *J(B)*] erwůsch *L(K),*
machte *A,* begraff er *E* **71** der *BJKL*] siner *A* **72** *BK*] Die flecken *L,* Daz
vlehn *A,* Dem flaisch *J* **76** was *JK*] wart *A,* ist *BEL* **81** *ABEJK*] D. n. so
wol b. *L Wolff*

morgen dô er danne schiet
und er der tavele vergaz:
die wîle er ûf dem steine saz,
3685 so gemuote in nie mêre
dehein dinc alsô sêre.
nû gedâhte er aber dar an
und mante den vischenden man
daz erz durch got tæte,
3690 ob er si vunden hæte,   3520
daz si im wider würde,
daz sîner sünden bürde
deste ringer wære.
dô sprach der vischære:
3695 ›leider ich engesach si nie.
nû saget, wâ liezet ir si hie
oder wie vergâzet ir ir sus?‹
›ich lie si‹, sprach Grêgôrius,
›in dem hiuselîne dâ ich slief.
3700 dô man mir des morgens rief,   3530
dô wart mîn angest swære
daz ich versûmet wære:
ich erschrihte von slâfe und îlte iu nâch
und wart mir leider alsô gâch
3705 daz ich der tavele vergaz.‹
der vischære sprach: ›waz hülfe uns daz
ob wir si suochten? dâ si lît,
dâ ist si vûl vor maniger zît.
ouwê, lieber herre mîn,
3710 jâ stuont daz selbe hiuselîn   3540
nâch iu niht zwelf wochen
unz daz ez wart zebrochen:
ich hân ez allez verbrant,
beidiu dach unde want.
3715 ich truoc iu dô sô herten muot:
unde wærez gewesen guot
vür wint oder vür regen,

84 *BJKL*] wile vnd er *A*   **89** erz *ABJL*] er *EK Paul Wolff*   **3712** Unz daz *L*]
E daz *AK Paul*, Vnd *B*, Daz *J*, *fehlt G(E)*, *vgl. Gierach ZfdA 55 (1917) 323f.*

112

ir enwæret dâ inne niht gelegen.
dâ ê daz hiuselîn was,
3720 dâ wahset nû unbederbe gras, 3550
nezzelen und unkrût.‹
Do siufte der gotes trût:
got er im sô helfen bat,
er enkæme niemer von der stat,
3725 ob er ir niht vunde.
nu giengen si zestunde
mit gabelen und mit rechen
und begunden nâher brechen
daz unkrût und den mist.
3730 nu erzeigte der dâ gnædic ist 3560
an dem guoten Grêgôriô
ein vil grôzez zeichen dô,
wande er sîne tavel vant
als niuwe als si von sîner hant
3735 vüere der si dâ worhte.
vreude unde vorhte
heten die daz sâhen:
weinde si des jâhen,
diz wære ein sælic man.
3740 dâ enlugen si niht an. 3570
Dô des morgens ir vart
gegen Rôme erhaben wart,
dô sâhen si dicke under wegen
daz der gereite gotes segen
3745 disses reinen mannes phlac
mit vlîze naht unde tac.
si engeruorte ûf der reise
nie dehein wegevreise:
ir spîse erschôz in alsô wol
3750 daz ir vaz ie wâren vol, 3580

22 Do *BEJKL*] Nŷ *A;* siufte *ABJ*] erseuffte *EKL Wolff*   24 *BJKL*] 'nchome
A, chöme *E*   32 Ein *BEGJKL*]Sin *A*   34 si *BEJL*] *fehlt AK,* ers (. . . Dar het
gelait) *G*   37 die *BJKL*] si di *A*   38 Weinde *B Zwierzina ZfdA 45 (1901) 271
u. 362*] Wande *AJK(L) Paul,* Gemainigklich *E*   43 *BEGJKL*] ersahen *A*
50 ie *ABL*] alweg *KE,* alle wege *Paul,* all zit *J*

swie vil si drûz genâmen,
unz si ze Rôme kâmen.
    Von einen gnâden ich iu sage.
    vor der kunft drîer tage
3755 dô wart ze Rôme ein michel schal:
sich begunden über al
die glocken selbe liuten
und kunten den liuten
daz ir rihtære
3760 schiere künftic wære.   3590
dâ kôs wîp unde man
sîne heilikeit wol an.
si vuoren gegen im sâ
engegen Equitâniâ
3765 die drîe tageweide.
si hâten über heide
einen gotlîchen ruom:
si truogen ir heiltuom,
wüllîn unde barvuoz.
3770 er hôrte williclîchen gruoz   3600
an sînem antvange
mit lobe und mit sange.
ez lâgen ûf der strâze
siechen âne mâze:
3775 die kâmen dar ûf sînen trôst,
daz si würden erlôst.
der ernerte sîn segen
harte manigen under wegen.
swen er dâ beruorte,
3780 dâ man in hin vuorte,   3610
sîn guot wille oder sîn hant,
sîn wort oder sîn gewant,
der wart dâ zestunt

55 ein michel *BEGJKL*] grozer *A*   **58** *L(B)*] Vnd chǔnden d. l. *G Paul*, Vnd
tǎten daz betúten *J, fehlt AEK, vgl. Arnold 4, 1032 (IV 27, 12)* annunciantes
populo   **62** wol *EJKL*] dar *AG, fehlt B*   **72** *ABL*] gesange *JK(E) Paul*, sange
verbessert zu gesange *G*   **73** Ez *BEGJKL*] Eza *(oder* Ezn *?) A*   **78** manigen
BEKL(J)] vil *A*   **83** zestunt *ABEGJK*] zǔ der selben stvnt *L,* ze dirre stunt
Neumann Wolff

114

von sînem kumber gesunt.
3785 Rôme diu mære
emphie ir rihtære
mit lachendem muote.
daz kam ir zallem guote:
wande ez enwart dâ ze stat
3790 nie bâbest gesat   3620
der baz ein heilære
der sêle wunden wære.
      Er kunde wol ze rehte leben,
wan im diu mâze was gegeben
3795 von des heiligen geistes lêre.
des rehten huote er sêre.
ez ist reht daz man behalte
diemüete in gewalte
(dâ genesent die armen mite)
3800 und sol doch vrävellîche site   3630
durch die vorhte erzeigen
und die mit rehte neigen
die wider dem rehten sint.
ob aber ein des tiuvels kint
3805 durch die stôle niene tuo,
dâ hœret danne gewalt zuo.
des sint diu zwei gerihte guot:
si lêrent reht, slahent hôhen muot.
man sol dem sündære
3810 ringen sîne swære   3640
mit senfter buoze,   3641
daz im diu riuwe suoze.
daz reht ist alsô swære,
swer dem sündære

85 *BGKL*] Roma *AE*, Ze rome *J*   **89** *KJL*] da zer *B*, ze der *A*   **92** *BEK*]
wunden sele *JL*, sele sv̂nden *A*   **3804** ein *BJ(EK)*] *fehlt A*   **6** *EJK*] gewalt
danne *A*, gewalt *B*   **8** reht slahent *Wolff*] rehte vnd slahent *AEK Paul*, reht
vnd *B*, vnd slahent *J*   **11.12** Mit senfter bvze ê *E* daz zwivelhaft er geste
A Lachmann, Mit senftlichen bvozen Daz im die ruwe suezzen *B*, Mit semfter
(senfftlicher *K*) bûsse Daz im die rúwe sy (werde *G*) sûsse *KG*, Daz im der rúwe
sûss Also sin súnde bûss *J*, Mit vasten vnnd mit messe So wil im der susse *E*
13.14 fehlt *A Lachmann*, Daz (Wond daz *J*) reht ist alz swere Swer den (an dem
BJK) svndere *BGJK*, Das recht mit ware Wer denn sunder mere *E*

115

3815   ze vaste wil nâch jagen,   3643
       daz enmac der lîp niht wol vertragen.
       ob er genâde suochen wil,
       gît man im gâhes buoze vil,
       vil lîhte ein man dâ von verzaget,
3820   daz er sich aber gote entsaget
       und wirt wider des tiuvels kneht.
       dâ von gât gnâde vür daz reht.   3650
       sus kunde er rehte mâze geben
       über geistlîchez leben,
3825   dâ mite der sündære genas
       und der guote stæte was.
       von sîner starken lêre
       sô wuohs diu gotes êre
       vil harte starclîche
3830   in rœmischem rîche.

       Sîn muoter, sîn base, sîn wîp
       (diu driu heten einen lîp),   3660
       dô si in Equitâniam
       von dem bâbest vernam
3835   daz er sô gar wære
       ein trôst der sündære,
       dô suochte si in durch rât
       umbe ir houbetmissetât,
       daz si der sünden bürde
3840   von im entladen würde.
       unde dô si in gesach
       und im ir bîhte vor gesprach,   3670
       nû was dem guoten wîbe
       von des bâbestes lîbe
3845   ein unkundez mære
       daz er ir sun wære;
       ouch hete si an sich geleit
       die riuwe und die arbeit,
       sît si sich schieden beide,

15 *E*] Wil ze vaste n. j. *B,* Denne vaste wil n. j. *G,* Ze vast wil nach gan *K,* Ze vast hert nach wil volgen jagen *J,* Wil er dem rehten n. j. *A Lachmann* **23** *BEGJK*] Des *A*   **37** *BEGJK*] Nv *A*

116

3850 daz ir der lîp von leide
entwichen was begarwe
an krefte und an varwe,   3680
daz er ir niht erkande
unz si sich im nande
3855 und daz lant Equitâniam.
dô er ir bîhte vernam,
dô enbejach si im anders niht
niuwan der selben geschiht
diu im ouch ê was kunt.
3860 dô erkande er zestunt
daz si sîn muoter wære.
der guote und der gewære   3690
der vreute sich ze gote,
daz si sînem gebote
3865 alsô verre under lac:
wande er sach wol daz si phlac
riuwe und rehter buoze.
mit williclîchem gruoze
emphie er sîne muoter dô
3870 und was des herzenlichen vrô
daz im diu sælde geschach
daz er si vor ir ende sach   3700
und daz er si alten
muose behalten
3875 und geistlîchen rât geben
über sêle und über leben.

       Dannoch was ir daz unkunt,
gesach si in ie vor der stunt.
mit listen sprach er dô zuo ir:
3880 ›vrouwe, durch got saget mir,
habet ir sît iht vernomen
war iuwer sun sî komen,   3710
weder er sî lebende oder tôt?‹
do ersiufte si, des gie ir nôt.

---

60 erk. er *K*] erch. er sa *A*, erk. er si *JG*, versach er sich *B*   **79** dô zuo ir *BEK*]
ir do zv̊ *A*, zů ir *GJ*   **80** saget *BGJK*] nv sagt *AE Paul*   **84** *E(GK)*] Da svffete
si gegen der not *B*, Do ersúfzot si durch not *J*, Do wart si vor leide rot *A*

117

3885 si sprach: ›herre, nein ich.
ich weiz wol, er hât an sich
von riuwen selhe nôt geleit,
ich enverneme es rehte wârheit,
son geloube ich niht daz er noch lebe.‹
3890 er sprach: ›ob daz von gotes gebe
iemer möhte geschehen
daz man in iuch lieze sehen,   3720
nû saget wie: getriuwet ir doch
ob ir in erkandet noch?‹
3895 si sprach: ›mich entriege mîn sin,
ich erkande in wol, und sæhe ich in.‹
Er sprach: ›nû saget des ich iuch bite,
weder wære iu dâ mite
liep oder leit geschehen,
3900 ob ir in müeset sehen?‹
si sprach: ›ir muget wol nemen war,
ich hân mich bewegen gar   3730
lîbes unde guotes,
vreuden unde muotes
3905 gelîch einem armen wîbe:
mir enmöhte ze disem lîbe
dehein vreude mê geschehen
niuwan diu, müese ich in sehen.‹
Er sprach: ›sô gehabet iuch wol,
3910 wande ich iu vreude künden sol.
ez ist unlanc daz ich in sach
und daz er mir bî gote jach   3740
daz er deheinen vriunt hæte
ze triuwen und ze stæte
3915 liebern danne iuwern lîp.‹
›genâde, herre,‹ sprach daz wîp,
›lebet er noch?‹ ›jâ er.‹ ›nû wie?‹
›er gehabet sich wol und ist hie.‹
›mac ich in gesehen, herre?‹
3920 ›jâ, wol: er ist unverre.‹
›herre, sô lât mich in sehen.‹

88 es *ABEK*] ez *Wolff, fehlt J*   3907 mê *GJK*] niht *A(E), fehlt B*

118

›vrouwe, daz mac wol geschehen: 3750
sît daz ir in sehen welt,
sô ist unnôt daz ir des twelt.
3925   vil liebiu muoter, sehet mich an:
ich bin iuwer sun und was iuwer man.
swie grôz und swie swære
mîner sünden last wære,
des hât nû got vergezzen
3930   und hân alsus besezzen
disen gewalt von gote.
ez kam von sînem gebote   3760
daz ich her wart erwelt:
alsus hân ich im geselt
3935   beidiu sêle unde lîp.‹
Sus wart daz gnâdelôse wîp
ergetzet ir leides gar.
got samente si wunderlichen dar
ze vreuden in beiden.
3940   sus wâren si ungescheiden
unz an den gemeinen tôt.
als ir Grêgôrius gebôt   3770
und ir ze büezenne riet,
dô er von ir lande schiet,
3945   mit lîbe und mit guote,
mit beitendem muote,
daz hâte si geleistet gar
sô daz ir niht dar an war.
swaz si ouch jâre sît vertriben
3950   sît si ze Rôme ensamt beliben,
diu wâren in beiden
ze gote alsô bescheiden   3780
daz si nû iemer mêre sint
zwei ûz erweltiu gotes kint.
3955   ouch erwarp er sînem vater daz

---

26 was BEJK] fehlt A Paul Wolff, vgl. Arnold 4, 1172 (IV 31, 44) me maritum et
filium   37 A] Erg. allez l. g. J, Erg. l. des ir war K Wolff, Erg. l. fur war E
38 Zwieržina 415] gesament KB, sante A(EJ) Paul, vgl. Arnold 4, 1191
(IV 31, 63) coniunxerat   39 EJK(B)] vrevnden A   41 gemeinen BEJK]
grimmen A   49 sît J] sit hat A, hetten E, fehlt BK

daz er den stuol mit im besaz
dem niemer vreude zegât:
wol im der in besezzen hât.
　　Bî disen guoten mæren
3960　von disen sündæren,
wie si nâch grôzer schulde
erwurben gotes hulde,　　　　　　　　　3790
dâ ensol niemer an
dehein sündiger man
3965　genemen bœsez bilde,
sî er gote wilde,
daz er iht gedenke alsô:
›nû wis dû vrävel unde vrô:
wie soldestû verwâzen wesen?
3970　sît daz dise sint genesen
nâch ir grôzen meintât,
sô wirt dîn alse guot rât;　　　　　　　3800
und ist daz ich genesen sol,
sô genise ich alsô wol.‹
3975　swen des der tiuvel schündet
daz er ûf den trôst sündet,
den hât er überwunden
und in sînen gewalt gebunden:
und ist joch sîn sünde kranc,
3980　sô kumet der selbe gedanc
mit tûsentvalter missetât
und wirt sîn niemer mêre rât.　　　　　3810
dâ sol der sündige man
ein sælic bilde nemen an,
3985　swie vil er gesündet hât,
daz sîn doch wirt guot rât,

3973–4006 *fehlt A*　　**3973** Und *BEK*] *fehlt J;* genesen *BJK*] *fehlt E*　　**74** ich
BEK] ich ŏch *J*　　**75** Swen *J*] Wenne *K(E),* Den *B;* des der tiuvel *BEK*] der t.
also *J; EJK*] schendet *B*　　**76** *fehlt E;* ûf den trôst *JK*] darvf *B*　　**78** Und in
sînen *JK*] In seinen *E,* Mit *B*　　**79** Und *BEK*] *fehlt J;* joch *BJ*] och *K,* auch
E Paul; sîn *EJK*] die *B*　　**81** *BJK*] tausenthafftiger *E*　　**82** wirt sîn *BJK*] sein
wirt *E;* mêre *EJ*] *fehlt BK*　　**84** *JK*] Ein s. pild sich n. an *E,* Nemen ein s. b.
an *B*　　**85** vil *EJK*] *fehlt B; BJK*] gesundiget *E*　　**86** D. s. d. wert got *E,* So wirt
sin vil gŭt rât *J,* Wil er daz sin wol *(fehlt B)* werde rat *BK*

ob er die riuwe begât
und rehte buoze bestât.

    Hartman, der sîn arbeit
3990 an diz buoch hât geleit
gote und iu ze minnen,
der gert dar an gewinnen   3820
daz ir im lât gevallen
ze lône von in allen
3995 die ez hœren oder lesen
daz si im bittende wesen
daz im diu sælde beschehe
daz er iuch noch gesehe
in dem himelrîche.
4000 des sendet alle gelîche
disen guoten sündære
ze boten um unser swære,   3830
daz wir in disem ellende
ein alsô genislich ende
4005 nemen als si dâ nâmen.
des gestiure uns got. âmen.

87 die *EJK*] *fehlt B*   **88** *EJK*] Und bveze nah bichte bestat *B*   **89** *EJK*] H.
von owi *B; * arbeit *BJK*] art *E*   **90** An *BEJ*] In *K; * buoch *BJ*] getichte *E*, laid
K, liet *Wolff; * geleit *BJK*] *fehlt E*   **91** iu *BJ(E)*] *fehlt K*   **92** *BE*] Der (Wer *J*)
begert dar an ze gewinnen *JK*   **93** ir im *BE*] er jm es *J*, er im *K*   **94** Ze lône
BEK] Der lonet *J; * in *K*] iu *Paul BEJ*   **95** *BE*] hörent oder (vnd *J*) lesent *KJ*
96 im *BJK*] fehlt *E*   **97** im *BJK*] in *E; BJ*] geschehe *EK Paul Wolff*   **98** iuch
BEJ] *fehlt K; * noch g. *J*] noch sehe *E*, wol gesähe *K*, mvezi sehen *B*   **99** *EK*]
In dem hohen himelrich *J*, Alli gliche In dem himelriche amen *B*   **4000–
06** *fehlt B*   **4000** Des *EK*] Dem *J*   **1** *EK*] Disem *J*   **2** boten *EK*] bůsse *J*
3 disem *EK*] dem *J*   **4** *JK*] *fehlt E*   **5** si dâ *K*] dy da *E*, si *J*   **6** *E*] Dez helf
vns got amen Hie mit so haut sant gregorien Got můss vns allez vbel benen Ain
gůt vollkomen end Maria vns jren segen send Amen *J*, Des gestúre vns gott
Vnd daz vns heff die kúnglich můter maria daz wir haltenten sin gebott Amen *K*

121